鸣谢：中国人民解放军西安政治学院

军事小天才丛书 第一辑

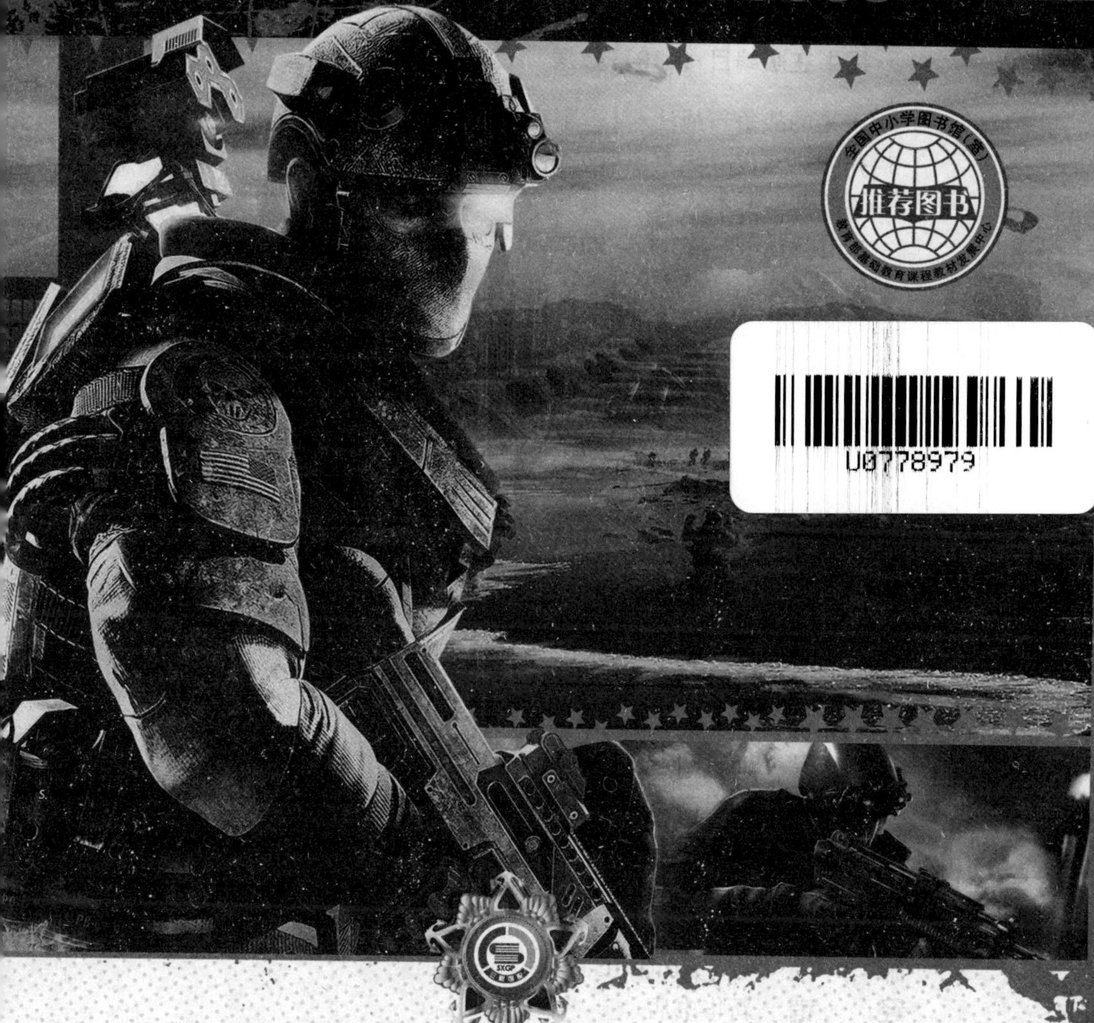

全国中小学图书馆（室）推荐图书

教育部基础教育课程教材发展中心

未来的战争与战法

本书编写组 高莲勃 周全 柴青川◎编著

世界图书出版公司
广州·上海·西安·北京

NEW 最新版

图书在版编目（CIP）数据

未来的战争与战法/《军事小天才丛书》编委会编．
广州：广东世界图书出版公司，2009.6（2021.5重印）
（军事小天才丛书）
ISBN 978-7-5100-0663-0

Ⅰ．未… Ⅱ．军… Ⅲ．未来战争—青少年读物 Ⅳ．
E81-49

中国版本图书馆 CIP 数据核字（2009）第 102110 号

书　　名	未来的战争与战法
	WEILAI DE ZHANZHENG YU ZHANFA
编　　者	《军事小天才丛书》编委会
责任编辑	鲁名琰
装帧设计	三棵树设计工作组
责任技编	刘上锦　余坤泽
出版发行	世界图书出版有限公司　世界图书出版广东有限公司
地　　址	广州市海珠区新港西路大江冲25号
邮　　编	510300
电　　话	020-84451969　84453623
网　　址	http://www.gdst.com.cn
邮　　箱	wpc_gdst@163.com
经　　销	新华书店
印　　刷	三河市人民印务有限公司
开　　本	787mm×1092mm　1/16
印　　张	13
字　　数	160 千字
版　　次	2009 年 6 月第 1 版　2021 年 5 月第 6 次印刷
国际书号	ISBN 978-7-5100-0663-0
定　　价	38.80 元

版权所有　翻印必究

（如有印装错误，请与出版社联系）

光辉书房新知文库
"军事小天才"丛书(第一辑)编委会

主 任：

    齐三平 中国人民解放军西安政治学院院长 教授 少将

副主任：

    张本正 中国人民解放军西安政治学院副院长 教授 大校

    焦会德 中国人民解放军西安政治学院副政委 大校

    侯敬智 中国人民解放军西安政治学院政工系教授 博士生导师

    王利群 中国人民解放军装甲兵工程学院教授

委 员：

    乔　军 吴跃华 陶传铭 王军旗

    张理海 杨邦荣 程达刚 陈　耿

    杨东录 武军仓 高建辉 张新军

    蒋一斌 范明强 周益峰 何　炜

    刘亚春

执行编委：

    陈文龙 于　始

"光辉书房新知文库"
总策划/总主编：石　恢
副总主编：王利群　方　圆

本书作者
高蓬勃　中国人民解放军西安政治学院研究生
周　全　中国人民解放军西安政治学院博士
柴青川　现役军官，工学与军事学双学士

致热爱军事的青少年朋友们

经过解放军西安政治学院和编委会同志的努力,"军事小天才"系列丛书如期与大家见面了。希望广大的青少年朋友们能通过这套丛书,了解更多的军事知识,树立牢固的国防观念,努力学习,积极进取,为祖国的和谐与发展贡献出自己的力量!

大家都读过梁启超先生那篇激情澎湃的华章:"少年智则国智,少年富则国富,少年强则国强……少年雄于地球则国雄于地球。"少年是未来,少年是希望。我们编这套丛书,正是要给所有热爱军事的青少年加油鼓劲,给大家插上遨游军事知识海洋的翅膀,为祖国培养造就更多的"军事小天才"。

为什么要研究战争?战争作为人类最古老的行为方式之一,尽管给人类自身带来无数浩劫,却依然像个危险的宠物一样被人类忐忑不安地豢养着。进入新千年以来,特别是"9·11"以后,世界上相继爆发了阿富汗战争、伊拉克战争等几场影响深远的战争,弥漫的硝烟和隆隆的炮火声一次次告诫我们:永久的和平离我们还很远。我国虽然经过改革开放30年的发展,综合国力得到显著提升,政治、经济、军事实力都大大增强,但周边的局势依然不容乐观,战争的阴霾就窥伺在我们的周围,中国在前进和发展的路途上还会面临许多挑战与危机。国家虽安,忘战必危!作为中国的青少年,大家更应该从小懂得"止戈为武"的道理,了解战争,学习国防知识,只有这样,才会更加珍惜今天的美好生活,才会在将来成为世界和平的坚强卫士。

青少年为什么要了解战争?我想原因有三:一是端正青少年世界观、

价值观的需要，二是提升青少年综合素质的需要，三是造就军事人才的需要。对于第一条，刚才已经谈及，只有懂得战争才不会迷信战争，只有看清战争之丑恶才会理解和平之美好。从小对青少年进行包括战争知识在内的国防教育，就可以从根本上遏制反动战争思想对青少年的毒害。对于第二条，《中华人民共和国国防教育法》指出："学校的国防教育是全民国防教育的基础，是实施素质教育的重要内容。"义务教育阶段的青少年学生正处在学习科学文化知识和发展智力水平的关键阶段，国防观念的深入与否和国防素质的高低，将直接影响和决定着祖国未来的安全。因此，在青少年学生中开展系统的国防教育，加强国防知识的普及，是提升青少年综合素质的必然要求。对于第三条，大家翻开历史就会发现，那些叱咤风云的著名将领，很多都是少年英雄；那些名垂青史的军事奇才，大多从小就热爱兵书战策。有志不在年高，中国明天的将军就诞生于今天的青少年中。培养军事人才，一样要从娃娃抓起。

有鉴于此，我们为广大的青少年朋友们编写了这套丛书，作为"军事小天才"系列的第一辑，共有10个分册。丛书内容从人物到战役，从谋略到武器，既有史实，又有分析；既有对过去军事事件的总结，又有对未来军事前景的展望；同时在材料的选取上也兼顾了国内国外两个方面，为广大的青少年朋友们学习军事知识、树立国防观念打开了一扇窗户。

自古英雄出少年。最后，衷心祝愿广大青少年朋友们在学习求知的道路上收获智慧、蓄积力量，在迈向人生目标的征程中克服困难，赢得胜利！

齐三平

解放军西安政治学院院长　少将

目 录

引 言 1
第一章 战争形态的历史回顾 2

  战争形态是指由主战兵器、军队编成、作战思想、作战方式等战争要素构成的战争整体。其中，主战兵器、军队编成、作战思想、作战方式等战争要素的变化决定了不同战争形态的特性。主战兵器决定着军队的编成、作战思想和作战方式的变化，并由此产生了不尽相同的战争形态。主战兵器是战争形态最显著和最重要的标志。据此，我们把人类历史上已经发生和将可能发生的战争分为4种战争形态，即冷兵器战争、热兵器战争、机械化战争、信息化战争。

  第一节 冷兵器战争时代 2
  第二节 热兵器战争时代 5
  第三节 机械化战争时代 10

第二章 未来战争的征兆 15

  20世纪60年代至21世纪初，人类共发生了8次大规模的战争。从这几场战争中，我们看到了未来的信息化战争的萌芽。

  信息化战争是信息时代的产物，是社会生产力发展到信息社会以后的必然结果。当战争中使用导弹这种信息化武器时，信息化战争就开始萌芽了，当病毒、黑客这些数字化、程序化武器登上舞台并越来越起重要作用的时候，信息化战争也就形成了。

  第一节 孕育未来战争胚胎的三次战争 15
  第二节 未来战争的雏形战争——海湾战争 17
  第三节 真正的非接触性战争——科索沃战争 25

第四节 "雄鹰"对"小鸡"的非对称作战——阿富汗战争 ……… 31
第五节 未来信息化战争形态比较成熟的战争——伊拉克
       战争 ……………………………………………………… 35
第六节 未来太空战的前奏——"施里弗"太空战演习 ……… 44

第三章 影响未来战争的高技术 ……………………………… 51

当今世界正在迅速发展的军事变革,是与以信息技术为核心的高技术发展紧密相连的。信息技术在军事领域的广泛应用,带来了众多的智能化武器装备,使传统武器装备的作战效能成倍增长,并使各种作战兵器和作战单位联结成为一个有机的体系,从而要求军队组织结构也相应进行变革。在揭开未来战争真面目之前,我们首先要了解一下人类的最新科学技术及其发展趋势。

第一节 信息网络技术 ……………………………………… 51
第二节 电子技术 …………………………………………… 56
第三节 智能技术 …………………………………………… 61
第四节 精确制导技术 ……………………………………… 66
第五节 航天技术 …………………………………………… 71
第六节 新材料技术 ………………………………………… 76
第七节 隐形技术 …………………………………………… 87
第八节 生物技术 …………………………………………… 95

第四章 未来战场上的兵器 ……………………………………… 103

兵器是人类战争中最具革命性的因素,科技水平制约着兵器的水平。随着未来科学技术的深入发展,兵器将进入到信息时代,具有系统化、网络化、精确化、隐身化等特点,而电子战武器、指挥自动化系统、隐身武器、精确制导武器、天基武器以及新概念武器,将成为未来战场的主要作战兵器。

第一节 武器系统的中枢神经:指挥自动化系统 …………… 103
第二节 未来陆军的兵器 …………………………………… 107

第三节　未来海军的兵器 ·················· 112

第四节　未来空军的兵器 ·················· 116

第五节　未来天军的兵器 ·················· 120

第六节　超常规的兵器 ···················· 124

第五章　未来战争的特征 ·················· 134

战争形态随着人类社会的进步和科学的发挥而发展，人类的战争行为与人类的生产活动密切相关。以新技术为核心的高新技术正在改变着战争的方式。未来战争最突出的特点将表现为信息主导化、战场空间多维化、作战行动快速化、战场透明化、作战手段智能化、对抗体系化等方面。

第一节　信息主导化 ······················ 134

第二节　战场空间多维化 ·················· 138

第三节　作战力量一体化 ·················· 144

第四节　作战行动精确化 ·················· 148

第五节　作战手段智能化 ·················· 151

第六章　未来战争形态的展望 ·············· 156

战争史证明，技术发明往往都与军事紧密相联。先进技术一经发明，必将在军事领域一展身手。而且，有时革命性武器的出现将改变传统的战争形态。当今，随着各种高科技的发展，新战争形态正向我们走来。

第一节　"从 A 到 B"的信息战 ············ 156

第二节　"兵不血刃"的电子战 ············ 160

第三节　"大闹天宫不再是神话"的太空战 ·· 164

第四节　"无孔不入"的网络战 ············ 169

第五节　"不花钱"的心理战 ·············· 171

第六节　"直捣黄龙"的特种战 ············ 175

第七节 "此处无人胜有人"的机器人战 …………………… 176

第七章 未来战争的新战法 …………………………… 181

每个时代都有自己的战争样式,信息时代的作战方法也有着自己的时代特色。当今,方兴未艾的世界新军事变革正在有力地推动着战争形态和作战方法的革新。适应信息化战争要求的一体化联合作战、精确打击作战、非接触作战等战法相继露面。今后二三十年将是战争形态演进的关键阶段,未来作战方式方法的变化将日新月异。

第一节 "浑然一体"的一体化联合作战 …………………… 181
第二节 "点穴式"的精确打击作战 ………………………… 186
第三节 "以长击短"的非接触作战 ………………………… 190
第四节 "并联电路式"的并行作战 ………………………… 193
第五节 "以快取胜"的快速决定性作战 …………………… 195

引 言

自人类有战争以来,战争形态发生了数次重大变化。我们已知的战争形态有冷兵器战争、热兵器战争、机械化战争,而且每一次战争形态的变化都是"质"的飞跃。为什么战争形态会发生质的变化?这得益于人类科学技术的变革,例如金属冶金技术造就了冷兵器战争,火药技术造就了热兵器战争,内燃机和电力技术造就了机械战争。正如恩格斯所说:"一旦技术上的进步可以用于军事目的并且已经用于军事目的,它们便立刻几乎强制地,而且往往是违反指挥官意志而引起作战方式上的改变甚至变革。"

20世纪后期,以微电子技术为标志的新技术革命悄然兴起,新技术革命成果应用于军事,促进了武器装备的日益信息化。武器的革命产生了新的战争形态和作战样式,改变了战争观、安全观、作战思想,机械化战争逐渐被信息化战争所取代。而且,以微电子技术为标志的新技术革命还在各个领域继续深化,这必然会对未来的战争形态和战法产生深远的影响。本书即以当今人类最新的科技走向为依据,对人类未来战争形态和战法进行了大胆的展望。

第一章 战争形态的历史回顾

战争形态是指由主战兵器、军队编成、作战思想、作战方式等战争要素构成的战争整体。其中，主战兵器、军队编成、作战思想、作战方式等战争要素的变化决定了不同战争形态的特性。主战兵器决定着军队的编成、作战思想和作战方式的变化，并由此产生了不尽相同的战争形态。主战兵器是战争形态最显著和最重要的标志。按照这个定义，我们把人类历史上已经发生和将可能发生的战争分为四种战争形态，即冷兵器战争、热兵器战争、机械化战争、信息化战争。

第一节 冷兵器战争时代

在公元前2000多年以前，人类的作战武器是肢体和木石器具（如石斧、石刀），这时间大约历经了五六十万年。从当今出土的石兵器判断，中国最古老的兵器是古代猿人采集石英石、砂岩等原料，经过敲打、磨制而成的，有扁、圆、方等各种形状。它们为后来金属兵器的发展奠定了根基。与此同时，人们还借用兽骨、蚌壳、竹木等材料制作兵器。在这一时期的军事活动中，没

青铜盾牌

有正式的军队,战争组织由氏族部落成年男子组成;作战武器是狩猎或生产活动中使用的石制、木制或骨制的生产工具;作战指挥通常由部落首领负责实施;采用搏斗及狩猎式的作战方式。

一、冷兵器的出现

当历史的车轮转到了公元前21世纪(夏王朝)时,发生了人类历史上的第一次军事变革——冷兵器军事变革。冷兵器军事变革是以"金属兵器"代替"木石兵器"为主要标志的,是人类历史上的第一次军事变革,是对原始军事活动状态的否定和超越。

据兵器史料记载,青铜兵器在夏王朝已经用于装备军队。到了商代,随着青铜冶铸技术的提高,青铜兵器得到了进一步的发展,制品有长杆格斗兵器戈、矛、斧,卫体兵器短柄刀、剑,防护装具甲、盾等。商代以

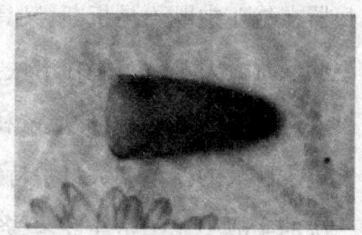

石斧

后,铜的采掘和青铜冶铸业得到比较大的发展。《考工记》中有关于"六齐"的论述,已经总结出春秋时期一些青铜兵器中铜和锡的组配比例。其中斧是五比一,戈是四比一,大刃是三比一。有了这些组配比例,就能保证所制各种兵器有适当的坚韧度,满足作战的需要。这表明,当时铜兵器的发展达到了鼎盛期。

从春秋中期至战国时期,是铜器的衰变期。这时期虽然在铸造技术上有许多发明与创新,然而在整体上却衰落了。因为铜兵器密度较大,韧性不够,一寸长一寸强的武术器械优势得不到体现。战争迫使人们不得不致力于追求兵器材料的革新,铁器顺应着这种需求,登上了战争兵器的舞台。

唐人刀剑

铁质兵器在我国运用得非常早,1931和1972年在河南、河北出土的铁援铜戈和铁刃铜钺,证明我们的祖先用铁制作兵器从商代就开始了。但是,由于受到客观条件的制约,当时对铁的冶炼技术还没有掌握。一直到了春秋晚期,我们的先人在冶铁上取得了生铁、钢与铸铁柔化技术重大的突破时,才意味着真正意义上铁器时代的到来。早期的生铁含碳量太高,质地硬而脆,很容易折断,妨碍了它的实际运用。生铁的柔化技术,成功地解决了这一难题。对生铁进行长时间的加热,使原来的碳化三铁(Fe_3C)得以分解为铁和石墨,原来的脆性铁就变为了展性铁。钢铁刚且有弹性,用以制作的兵器在战斗中既不易折断,又具有很强的杀伤力。三国张飞的丈八蛇矛、关羽的偃月大刀等就产生在冶铁技术发展的成熟时期。铁兵器的广泛制造和投入运用,使得冷兵器的质量和性能大大得到提高,使古代中国军队的兵器发生了巨大的变革。大量手持锋利铁兵器的骑兵、步卒等相应而生,在一次一次的实战中总结格斗经验,各种新兵器之创造而出,其用法也随逐渐走向成熟。正由于此,才有后来的十八般武艺的说法。

二、冷兵器战争的特点

冷兵器战争,主要指农业时代(公元前21世纪至公元10世纪),以青铜、钢铁等金属装备为主战兵器的战争。冷兵器的出现,彻底地改变了木石兵器时代的战争模式。军事活动中,有了职业军队,各国的军队都有着正规的编制的,组织严密,每一级组织都有一名头领,等级森严,军令严格。组成军队的兵种也有了功能分类(如,挥舞马刀的骑兵和拿着长矛的步兵以及手握弯弓的弓箭手等)。士兵们还配备了铠甲、战车和比木石兵器锋利百倍的金属兵器,作战能力大大提高。

由于冷兵器时代的武器是一种近体

身先士卒的将领正在激励部队士气

格斗的武器,冷兵器杀伤作用的发挥依赖于人的体能,体能是冷兵器时代能量释放的基本形态。体能的大小决定了冷兵器作用力的大小。因此,在冷兵器时代,军队数量多、士兵的身体素质好就成了取得战争胜利的基本条件。当然,国家对军人的素质要求就是"体能"及"搏杀技巧",体能强、武功高的士兵往往会被提拔重用。

冷兵器战争在战术上对"阵法队形"非常注重。战争开始前,作战双方在空旷的地域排兵布阵,"将领"位于队伍的最前面,战争发起后,身先士卒带领属下与对方展开近距离的作战。血腥肉搏、刀光剑影、战马奔腾、锣鼓震天是冷兵器战争时代战场情形的生动描述。好莱坞电影《勇敢的心》、《亚瑟王》、《魔戒》、《特洛伊》、《角斗士》、《天国王朝》等,非常形象地描绘了令人震撼的冷兵器混战场景。综上所述,冷兵器

冷兵器时代严阵以待的部队

时代的战争形态是一种近体格斗的体能释放形态,其基本战术是集团冲杀、方阵队形、将对将、兵对兵,具有前后方界限分明、军队人数多等特点。不过,这个时代行军速度缓慢,后勤补给缓慢,物资运送耗损严重。

第二节 热兵器战争时代

当历史的车轮转到了公元1500年时,发生了以火药兵器替代金属兵器为主要标志的第二次军事变革。冷兵器军事变革以后,金属兵器以及由此而产生的多军兵种结构和阵势作战方式,在人类军事舞台上统治了数千年。然而,随着敌我之间对抗规模的扩大和激烈程

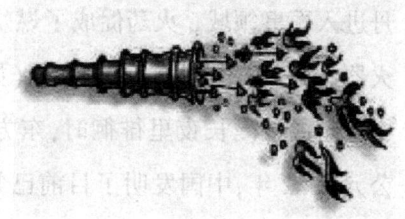

火药

度的增加,金属兵器已不能满足军事斗争的需要。因此,人们便不断地寻找更为有效的武器以及更好的作战方式。

清朝火炮

古代火箭

西夏铜火铳

火药的发明开创了人类军事史的新局面。公元10世纪前后,火药在中国开始出现,并很快应用于军事领域。随后,通过战争等活动,火药迅速西传,先在西欧、后在世界范围内掀起了一场火药化军事变革。整个火药化军事变革从它的萌芽到19世纪后半叶普法战争时期达到高峰,历经800多年,与冷兵器军事变革相比,它不仅是军事形态上一次质的飞跃,而且给人类社会带来了巨大的冲击。

一、热兵器的发展历史

中国为世界上最早发明火药的国家,标志是西汉医师和隋唐方士的炼丹进入军事领域。火药促成了燃烧性火器(如火箭)的诞生,进而向爆炸性火器(如震天雷),再向管形火器(如铁炮)演进。也可以说,当欧洲还在古老中世纪的漫漫长夜里徘徊时,东方的热兵器已经发出了震耳欲聋的声响。公元1332年,中国发明了目前已知世界最早的金属管状火器——铜火铳。中国是热兵器的发源地,我们就以中国在世界热兵器发展史上的地位为主线,回顾热兵器的发展历史。

中国在热兵器发展上领先世界的2000年(公元前476年~公元1525年):

公元前800年,中国人发明抛石机。

公元808年,中国人发明火药。

公元904年,中国人郑璠发明火药弹,抛石机由抛石变为抛火药弹,火药首次用于战争,开创了热兵器时代。

公元970年,中国人冯继发明喷射火器(捆绑火药筒的竹箭)。

公元1000年,中国人唐福发明火箭、火球、火蒺藜等火器。

公元1132年,中国人陈规发明火枪(竹竿火枪,喷射火焰烧人)。

公元1259年,中国人发明突火枪(粗竹筒发射弹丸)。

公元1280年,中国人发明火炮。

公元1346年,英国人发明发射石弹的火炮。

公元1378年,德国人发明发射铁弹的火炮。

公元1410年,西班牙人发明火绳枪(火绳点火)。

公元1525年,中国人发明发射爆炸弹的火炮,开创了世界的新纪元,结束了中国的旧纪元。中国人发明了爆炸弹,但仍然热衷于使用实心弹。

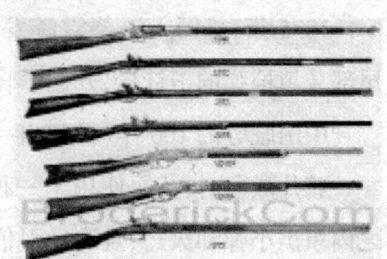

燧发枪

中国与世界保持同等水平的200年(1525年~1715年):

1525年,意大利人芬奇发明燧发枪(燧石点火)。

从1525年开始,西方的枪炮技术就渐渐超过中国了。但是从1525年到1683年的158年间,中国的枪炮技术尚能与西方保持同步。但当清朝政权于康熙二十二年(1683年)稳定全国之后,因军事的威胁消失,官方对火炮的重视日减。从康熙二十二年(1683年)到康熙五十四年(1715年),中国的枪炮技术大致与西方相当。

中国衰落的一百年(1715年~1840年):

康熙五十四年(1715年),山西总兵金国正上言愿捐造新型的子母炮22门,分送各营操练,结果康熙皇帝竟然禁止地方官自行研制新炮。从此,中国的枪炮技术故步自封,不进反退,逐渐衰落。

雍正年间,清廷将盛京、吉林和黑龙江以外各省的子母炮全部押送到北京。

嘉庆四年(1799年)曾改造160门明朝的"神枢炮",并改名为"得胜炮",经试放后发现其射程还不如明朝的"神枢炮"。中国清朝的枪炮技术已经倒退到明朝的水平了。

1736年,法国人古里鲍·巴尔对火炮作了重大改进,对炮身长度、炮筒尺寸、弹丸重量及火药的装药量等都进行了精心研究,并发明炮体分段火炮。

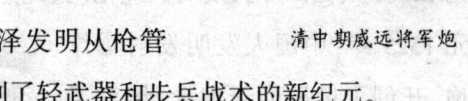
清中期威远将军炮

1835年,德国人冯德雷泽发明从枪管尾部装填枪弹的击针枪,开创了轻武器和步兵战术的新纪元。

中国耻辱的100年(1840年~1949年):

鸦片战争时,英军使用了一种名为"榴霰弹"的球形空心爆炸弹。此弹之内填满小弹和火药,且有一引信在炮弹落地前引爆火药,将其中的小弹炸散开来,杀伤力十分大。而当时仍沿用实心圆弹的中国军队,对此"多骇为神奇,不知如何制造",稍后,林则徐虽然仿制成功,

清代子母炮

但却少有人知道早在康熙二十九年(1670年)铸成的"威远将军炮"上,就已

配置了类似的炮弹,可惜这种炮弹连同所匹配的"威远将军炮"一直都被尘封于武库之中。中国人在1670年就制造出的火炮,自己竟然不知道,还要在1840年向英国仿制。

到了道光末期、咸丰初期,中国的枪炮技术连明朝末年都不如了。难怪在面对西方列强坚船利炮的挑战时,清朝军队竟毫无招架之力。

1846年,意大利人卡瓦利发明螺旋线膛炮,发射锥头柱体长形爆炸弹,火炮的威力、射击精度和射程大大提高。

1860年,美国人发明连珠枪(可连续射击的单发步枪)。

1871年,德国人保罗·毛瑟发明使用金属壳子弹的毛瑟步枪,奠定了现代步枪的基础。

俄国制M1910马克沁机枪

1884年,美国人马克沁发明马克沁机枪。全自动的马克沁机枪标志着一个时代的结束,之前使用过的战术完全没用了。

1897年,法国人发明75毫米野战炮,其液压气动式反后坐装置能在发射炮弹后把炮管复归原位,提高了火炮的发射速度和威力。

二、热兵器战争的特点

热兵器战争,主要是指农业时代向工业时代过渡时期(公元10世纪至19世纪),以各种火器为主战兵器,集团火力攻防为主要作战方式的战争。热兵器出现后,人类的战争形态与冷兵器时代相比有了巨大的变化。

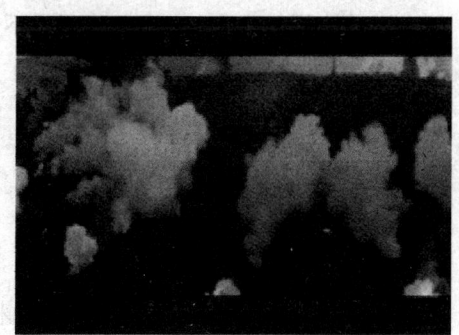

热兵器战争场面

作战方式由白刃格斗逐渐过渡到火力对抗,双方厮杀时,靠的是射击技术精湛,而不是体能的大小。作战距离从近距离格斗逐渐向数十米、数百米扩展,通常在较远距离上以热兵器杀伤敌人,使体能决胜的冷兵器战斗场面最终让位于以火力为主的战场较量,坚固的城墙在火炮面前变得不堪一击,昔日的弓箭在火枪面前

指挥员正在观察战场

也变得鞭长莫及,大刀、长矛、斧头等兵器在火枪火炮面前更是有劲无处使。由于火炮、枪支的巨大杀伤力,军队在进攻或防御时,考虑的不是人的数量,而是计算进攻或防御的正面火力密度。这促使了作战队形由纵式队形到线式队形再到散兵队形的演变。指挥作战的指挥官也从战场一线退居到作战部队后方,昔日身先士卒的将帅转变为运筹帷幄的指挥官,并主要依靠司令部来组织指挥作战。军队组织结构大为改变,战斗编组与战场管理比以往也更为复杂,增加了组织运用火力、组织枪炮与冷兵器之间的协同和不同兵种之间的协同等内容,集团方阵不得不让位于筑城、攻坚与奇袭。

第三节 机械化战争时代

德军坦克部队入侵荷兰

200多年前爆发于英国、荷兰的工业革命,给社会生产和整个人类活动带来了巨大的变化。蒸汽船、火车、电报、电话、汽车等相继出现。科学技术的迅速发展,同时也带来了军队的大变革,机

军事小天才
Jun Shi Xiao Tian Cai

枪、火炮、坦克、飞机、装甲车,以及第二次世界大战以来产生的核潜艇和各种导弹、核武器等纷纷亮相。与大机器生产相对应,军事上的机械化兵团和机械化战争成了战争史上震撼的一幕。

一、机械化战争思想的产生

第一次世界大战初,堑壕和铁丝网加上步枪和机枪便可组成难以突破的防线。火炮密集轰击固然可使防线出现缺口,但向纵深发展突破、扩张最初的战果几乎不可

世界上第一辆坦克"小游民"

能。面对这样的战场僵局,大战刚开始不久,英国的斯温顿上校、法国的埃蒂安纳将军认为:虽然个别的士兵是无法装甲的,但他可以像水手一样,用装甲车辆来运载。这种车辆须作越野行动,所以应使用履带,而不是车轮。这种战车使士兵在动态中得到保护,并能在静态中战斗。他们的思考遂成为现代战车观念诞生的标志。

1914年10月20日,斯温顿上校从法国前线回到伦敦,向帝国防御委员会的汉基上校汇报了战场僵持的特点后建议,以美国人霍尔特发明的履带式拖拉机为参考,制造一种能够防弹和越过堑壕的战车,车上装有能毁灭机枪的小型速射

第一种投入实战的坦克"大游民"

炮。汉基大为欣赏,两人作了进一步讨论之后,分别向英国远征军司令部和陆军部提出这项建议,均被拒绝考虑。但汉基的另一份写给首相阿斯奎斯的建议,却碰巧给也在考虑同一难题的丘吉尔(后来成为英国首相)看到,丘吉尔的想法同斯温顿非常近似,他在1915年1月5日写信给首相,支持并扩大了斯温顿这一建议。但当首相把建议和信转给陆军大臣吉青纳后,却久

军事小天才
Jun Shi Xiao Tian Cai

久没有得到回应,保守的陆军部根本不愿接受新的东西。丘吉尔便在自己的海军部设立一个部门,专门拨款进行战车研制,这项实验一直到他被迫去职后都仍在继续。也许是战场久陷僵持的缘故,英国远征军司令部后来终于接受了斯温顿的建议,国内新成立的陆海两军联合委员会对此项试验也很投入。1915 年 7 月,斯温顿被授权协调战车试验工作。1916 年 2 月 2 日,在英国的哈特费尔德进行了世界上第一次现代战车的试验。

步坦协同

1916 年 9 月 15 日,现代战车——坦克首次出现在松姆河战役中。参战的坦克虽然只有十八辆,但却取得重大的战术效果。在后来的康布莱战役和亚眠战役里,协约国开始大量使用坦克。当时的作战样式是把坦克配给步兵部队,由坦克在前开道,步兵在后跟随。这种步坦协同产生了极大的战术效果,打破了由堑壕、铁丝网带来的战场僵持。当时,坦克进攻虽然没有直接形成战略性突破,但它所造成的德军在心理上的恐惧和绝望产生了战略性的影响。德军在亚眠会战中遭到惨败,许多德军士兵起初在对方猛烈炮火和步兵反复冲击下仍能顽强抵抗,直到坦克从自己身旁驶向防线后方时,他们一方面感到无能为力,一方面觉得自己已尽了最大努力,便放下了武器,成群成群地投降。一位德军俘虏曾说:"在多数情况下,官兵们都认为战车的迫近,即可算是中止战斗的良好借口,他们的责任感可以使他们面对着敌人的步兵,挺身而斗。但是一旦战车出现之后,他们就会感觉到已经有了充分的理由,可以投降了。"

坦克一开始就取得了骄人的成绩。铁丝网、机枪对它无能为力,传统的作战方式在坦克面前失去了作用,从此机械化作战的思想开始深入人心,大规模的机械化军事变革开始展开,并在第二次世界大战中达到巅峰。

二、典型的机械化战争:第二次世界大战

机械化战争,主要是指工业时代(公元19世纪~公元20世纪末),以各种机械化武器装备为主战兵器,以集团快速机动和火力攻防为主要作战方式的战争形态。1939年发生的历时6年的第二次世界大战是德、日、意轴心国与中、苏、美、英等同盟国和全世界反法西斯力量进行的人类历史上空前规模的机械化战争。战争以反法西斯同盟国和世界人民的最终胜利而告终。

1937年7月,日本侵略中国,开启了第二次世界大战的战端。1939年9月1日,德国闪击波兰,战争全面爆发。接着,轴心国军队横扫欧洲,兵临莫斯科城下。与此同时,在太平洋战场上,日本偷袭了珍珠港,将美国拖入战争。1942年11月前后,盟军在3个战场上先后进行的斯大

原子弹爆炸后在长崎上空形成的蘑菇云

林格勒会战、阿莱曼战役、瓜达尔卡纳尔岛争夺战,均取得胜利。战局从此转折。1944年后,同盟国转入战略进攻。盟军从东西两线快速推进,迫使德国于1945年5月8日宣布无条件投降。在太平洋战场上,为迫使日本投降,美国于1945年8月6日、9日在日本的广岛和长崎投下原子弹。苏联也于9日出兵中国东北,歼灭了日本的关东军。9月2日,日本签署投降书,第二次世界大战结束。

这场战争对世界产生了重大影响。全世界有5000多万人死于战争,直接军费开支11170亿美元,经济损失达4万亿美元。但在同时,社会主义力量得到进一步发展,民族解放运动壮大,以欧洲为中心的世界格局被打破。可以说,第二次世界大战是现代世界历史进程中的一个重要里程碑。

军事小天才
Jun Shi Xiao Tian Cai

从军事上看，这场战争是一场非常典型的机械化战争，体现了非常明显的机械化特征：

一是借助空中火力支援和依赖坦克集群高速大纵深突击的闪击战法，出现了登陆与抗登陆作战、潜艇战与反潜战、航母编队作战、战略轰炸与防空作战、空降与反空降作战等新的作战形式，首次使用雷达、导弹、原子弹等新式武器和技术，提出并完善了有关同盟战略、战略突袭、诸军兵种协同、游击战等战略战役理论。在机械化战争中，杀伤破坏方式主要是武器的射程、速度和杀伤力等化学能和机械能，决定战争胜负的是军队人力以及坦克、飞机、大炮和军舰等武器装备的品种和数量。从两次世界大战到朝鲜战争、越南战争、中东战争等，打的无一不是物质和能源。"二战"期间，交战国生产的军用飞机多达70余万架；航空母舰多达140余艘；潜艇达到了1500余艘。耗费物资和能源之巨大是空前的。

激烈的空战

第二次世界大战之后支配战场的战争样式仍然主要是兵力的机械化。机械化战争最重要的作战原则之一是古德里安的那句经典格言："只许集中，不许分散。"朝鲜战争、中东战争，机械化作战都遵循了一套固定的模式：由战术空军协同地面装甲集群，先在狭窄正面打开对方防线一个口子，强大的坦克部队从突破口蜂拥而入，向对方防线后方作深远贯穿，在到达一定深度后实施迂回，配合正面部队合围聚歼敌方主力。因此，在作战部署上，装甲集群总是集中配置在前线，以便进攻时作深远贯穿；防御时侧击对方从突破口涌入的坦克集群。于是，战场上经常会出现装甲力量互相扭作一团，纯粹拼消耗的情景。

第二章 未来战争的征兆

20世纪60年代至21世纪初,人类共发生了8次大规模的战争。从这几场战争中,我们看到了未来的信息化战争的萌芽。

信息化战争是信息时代的产物,是社会生产力发展到信息社会以后的必然结果。当战争中使用导弹这种信息化武器时,信息化战争就开始萌芽了,当病毒、黑客这些数字化、程序化武器登上舞台并越来越起重要作用的时候,信息化战争也就形成了。

第一节 孕育未来战争胚胎的三次战争

20世纪60年代~80年代发生的越南战争、第四次中东战争和英阿马岛战争,孕育着信息化战争的胚胎。

一、越南战争

美军在20世纪60年代的越南战争中投入了大批新式武器,如F-105、F-111和B-52轰炸机,运用了"百舌鸟"、"响尾蛇"新

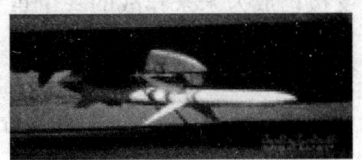

"百舌鸟"导弹

式导弹和激光制导炸弹等。激光制导炸弹首次在作战中使用就显示了神奇的威力。当时美军用普通炸弹轰炸越南清化大桥,出动近600架次飞机,投

弹数千吨，也没有炸毁大桥。当在战争后期改用激光制导炸弹后，只用了12架次就将大桥炸毁。在此次战争中美军还运用了电子战飞机与机载电子干扰设备实施了广泛的电子干扰，为后来的大规模电子战勾画了基本轮廓。可以说从越南战争起，以后的战争几乎都伴随着激烈的电子战。

二、第四次中东战争

第四次中东战争是埃及、叙利亚和以色列之间的一场战争。由于美、苏分别为作战双方提供了一些高技术武器装备，所以高技术特点比较明显，具体表现在：一是导弹战比较明显。由于采用了

侦察卫星在第四次中东战争中大显神威

先进的制导技术，双方损失的340架飞机、300多辆坦克大部分是被导弹击毁的，这预示着精确制导武器将主导战场；二是首次利用卫星进行战场侦察，使太空战这一崭新的方式脱颖而出。美国发射了18颗侦察卫星，苏联发射了10颗，分别向以色列和埃及提供情报支援。卫星首次投入战场就发挥了重要作用。在战争初期以色列曾处于十分不利的地位，后来美国的"大鸟"侦察卫星侦察到，在埃及的后方第2、3军团结合部之间，有一段宽达10多公里的空隙。美国迅速将这一情报提供给以色列，以色列利用这一空隙切断了埃及的退路，从而摆脱了不利的境地，反败为胜。这说明卫星的空中支援已成为未来作战的一个重要内容。

三、英阿马岛战争

1982年4月爆发的英阿马岛战争，是一次高技术条件下的海空联合作战。突出的特点表现在：一是在战争中第一次大规模地集中使用制导武器。交战双方共

"飞鱼"反舰导弹击中"谢菲尔德号"驱舰瞬间

投入17种类型的战术导弹、制导鱼雷和制导炸弹进行对抗，由此改变了传统

的"巨舰大炮"对抗的海战方式,在作战中制导武器发挥了重要作用。阿根廷有73架飞机被英军导弹摧毁在空中,占空中击毁总数的84%。英军先进的"谢菲尔德号"驱逐舰和"大西洋运送者号"大型货船以及其他十几艘舰船都毁于阿根廷"飞鱼"导弹之手。二是指挥自动化系统发挥了巨大的作用。当美国侦察卫星发现阿根廷唯一的一艘万吨级巡洋舰"贝尔格拉诺将军"号正在马岛附近行驶时,就及时将这一情报提供给英国特混舰队,该舰队立即制订了消灭巡洋舰的作战方案,并报送英国战时内阁。战时内阁批准了这一方案。特混舰队又把任务下达给已靠近该舰海域的英国核动力潜艇"征服者"号。"征服者"号随即发射了两颗鱼雷,就将"贝尔格拉诺"号葬身海底。从这个例子可以看出:战争发生在海上,而情报却来自天上的侦察卫星。作战在南半球进行,而指挥命令却发自北半球。信息由空到地、由东到西、由南半球到北半球多次远程传递。这一切仅凭借感官是无法详察和控制的,必须依靠自动化的手段来实施指挥。

第二节 未来战争的雏形战争——海湾战争

海湾,即波斯湾,位于西亚中部。海湾周边国家是世界石油主产区,战略地位突出。1990年8月,这一地区爆发了"二战"后世界上最大的一次局部战争——海湾战争。这场战争对冷战后国际新秩序的建立产生了深刻影响,同时,它所展示的在现代高技术条件下作战的新情况和新特点,对军事战略、战役战术

1991年1月17日,海湾战争爆发

和军队建设等问题带来了众多启示。很多军事专家认为,海湾战争是未来战争的一个窥视口,这场战争是未来战争的雏形。

一、海湾战争的起因

海湾战争是由伊拉克对科威特的入侵而引发的。1990年7月,伊拉克在向科威特提出一系列要求遭到拒绝后,定下了以武力吞并科威特的决心。1990年8月2日凌晨1时(科威特时间),在经过周密准备之后,伊拉克共和国卫队三个师越过伊科边界,向科威特发起突然进攻,仅用10小时就占领了科威特,并将科威特划归其第19个省。

伊拉克入侵科威特事件,引起了全世界极大震惊。联合国先后多次通过反对伊拉克入侵科威特并对伊实施制裁的决议。反应最为强烈的,当属在海湾地区具有巨大经济利益的以美国为首的西方国家。8月2日和3日,美国总统老布什主持召开国家安全委员会全体会议,研究对策。会议最终决定,采取大规模军事部署行动,以迫使伊拉克撤军,并为必要时采取军事打击行动做好准备。根据这一精神,负责中东地区防务的美军中央总部拟定了"沙漠盾牌"行动计划。8月7日凌晨2时(美国东部时间),布什总统正式批准了该计划。

二、海湾战争的经过

1. 第一阶段:以空袭为主的沙漠风暴行动

1991年1月17日凌晨,伊拉克军队正在睡梦之中,值勤人员也正在疲倦之时,施瓦茨科普夫将军统帅的多国部队,发起了代号为"沙漠风暴"的海湾战争。

停泊在海湾地区的美国军舰,向伊拉克的防空阵地、雷达基地发射了100多枚舰对地"战斧"式巡航导弹。接着,从沙特、巴林和美国航空母舰上起飞的数百架飞机,对伊拉克和科威特的重要军事目标进行了轮番轰炸。而在此之前的5小时,多国部队就进行了强烈的电子干扰,使伊拉克的通讯联络濒于中断,伊方雷达的屏幕不是白花花一片,就是显示假目标,难以发现来袭的飞机。多国部队战术上的突然性,使伊拉克的飞机几乎来不及升

空迎战,便被炸毁在机场上,伊军的地对空导弹也不能发挥防御作用。

空袭40分钟后,巴格达才反应过来,开始实行灯火管制。伊军的高射炮一齐向空中射击,巴格达的夜空一片弹雨。炸弹爆炸和高射炮射击时的火光,使夜空如同白日。战争第一天,多国部队共出动飞机1200架次,执行了6900多小时的轰炸任务,竟无一伤亡,这是空战史上少有的奇迹。

当多国部队对伊拉克的空袭开始时,白宫发言人菲茨沃特向全世界宣布:"解放科威特的行动开始了。"3个小时后,美国国防部长切尼说:"多国部队的空袭非常成功,他们没有遇到伊拉克的任何空中抵抗。"他继续说:"沙漠风暴"行动的主要任务,是摧毁伊拉克的"进攻性军事能力",首先打击的目标是萨达姆的指挥中心和控制中心。

按照"沙漠风暴行动"计划,以美国为主的多国部队第一步是实施战略空袭。即利用海空优势,对伊拉克的重要军事战略目标进行狂轰猛炸,削弱甚至摧毁伊拉克的战争潜力。

战略空袭阶段从1月17日开始,至30日结束。在此阶段,以美国为首的多国部队共出动各型飞机3万架次,发射巡航导弹240余枚,攻击并摧毁了伊拉克的总统府、国防部、空军司令部、共和国卫队司令部等26个重要指挥机构,以及部分防空雷达和机场等重要目标。经过首轮空袭阶段的打击,伊军95%的雷达陷入瘫痪,48个防空导弹连受重创,44个机场被毁,核生化武器生产设施受损。

"沙漠风暴行动"计划的第二步是战术空袭,即大规模空袭伊地面作战部队,最大限度地打击和削弱其战斗力。

1月31日开始,以美国为首的多国部队空袭行动进入了第二阶段,即战术空袭阶段。目的是消灭伊拉克军队的有生力量,削弱其战斗力,切断其后方补给线,为多国部队的地面进攻做好准备。期间,多国部队共出动各型飞机6.8万架次,发射巡航导弹40枚。2月7日这一天,停泊在海湾水域的美军"威斯康星"号战舰首次向科威特南部的伊军阵地进行了猛烈炮击。每发重达910公斤的炮弹划破黎明前的夜空,呼啸着飞向伊军阵地。与此同时,美军B-52重型轰炸机将雨点似的炸弹倾泻到伊拉克南部共和国卫队的防区,地毯式的轰炸把落弹地区的地面深深地犁了一遍。经过空中打击,伊拉克部队陷入一片混乱无措的状态,战斗力严重削弱。

多国部队的空袭持续了38天,至2月23日结束,平均每分钟出动一架次飞机,共出动飞机近10万架次,投弹9万吨,发射288枚战斧巡航导弹和35枚空射巡航导弹,并使用一系列最新式飞机和各种精确制导武器,对选定目标实施多方向、多波次、高强度的持续空袭,极大削弱了伊军的C^3I(指挥、控制、通信和情报)能力、战争潜力和战略反击能力。美军公布战果是:摧毁伊拉克坦克1300辆、装甲车1000辆、火炮1000门、所有的防空雷达,消灭数以万计的士兵。施瓦茨科普夫将军据此判断,地面进攻的条件成熟了。

2. 第二阶段:以地面进攻为主的沙漠军刀计划

2月24日,"沙漠风暴"行动的第二阶段——地面扫荡作战开始了。这是决定伊拉克在海湾战争中命运的关键时刻,也是多国部队海湾军事行动中最为壮观的时刻,120万大军将在沙漠里展开一场空前的厮杀。不过,此时的伊拉克部队经过多国部队38天的轰炸

海湾战争中美军向前线开进

后,战争机器已经瘫痪,已难以阻挡多国部队的进攻了。

当天清晨4时许,部署在科威特东南部边界的美国海军陆战队第1师、第2师突破伊军雷场,向伊军阵地发起进攻。一枚枚重磅炮弹从"威斯康星"和"密苏里"号战列舰上射向伊军阵地。多国部队兵分4路直扑伊军:一

路从海上向科威特东部实施两栖登陆;两路从陆上越过科、沙边境进入科境内;第四路从沙特越过边境进入伊拉克,向幼发拉底河包抄,切断伊军的退路。此外,还在伊军后方进行伞降。

多国部队的进攻是非常成功的。16 小时后,多国部队最高指挥官施瓦茨科普夫将军发布消息说:"多国部队第一天的进攻目标全部达到,并继续高速向北挺进,到目前为止,伊军抵抗不强,攻势进展十分顺利,多国部队的伤亡很小。"

地面进攻之所以发展顺利,这主要应归功于"沙漠军刀"计划。"沙漠军刀"不仅砍得有力,而且砍得巧妙,成功地运用了"兵不厌诈"的战术。还在 1990 年 12 月,美第 7 军从德国调到沙特时,美国就不断地在沙、科边界以南地区,沿伊军防御正面进行训练和演习,并不断袭击边界北面的伊军,造成一种要从该地区进攻的态势,诱引伊军把主力集中在科威特南部防线。

同时,美军在靠近科威特沿海水域,不断举行联合登陆演习,并以舰炮猛轰伊军在科威特东部的海岸阵地;又加强宣传攻势,故意泄漏假情报迷惑伊军。此时伊军已失去空中侦察手段,对美军真真假假的部署无法准确掌握,以为多国部队攻击的重点是科威特正面伊军,遂将主力集中于此。而施瓦茨科普夫将军此时已将多国部队主力悄悄调至伊军防守薄弱的西部侧翼。战斗一打响,多国部队迅速从伊军防守弱点突破,使伊军猝不及防,进攻收到了声东击西的效果。多国部队以排山倒海之势直扑伊军各主力部队,使伊军毫无抵抗之力,纷纷弃守溃退。

2 月 27 日,美第 18 军和第 7 军联手横扫科威特全境,一举解放了科威特。28 日,美国宣布停火。至此,经过 100 小时的空地一体联合作战,伊拉克军队被打败,历时 42 天的海湾战争宣告结束。

据战后统计,在这场战争中,伊拉克方面参战的 43 个师共有 38 个师被重创或歼灭,6.2 万人被俘,3847 辆坦克、1450 辆装甲输送车、2917 门火炮被击毁或缴获,107架飞机被击落、击毁或缴获。多国部队方面共有126人阵亡(其中美军74人),300余人受伤,12人失踪。

三、海湾战争的特点

海湾战争标志着战争的高技术时代已经到来。在海湾战争之前的几场局部战争中,高技术战争的特征已初露端倪,其最为突出的标志是高技术兵器的使用。但是,就使用的广泛程度来说,前几场战争都无法同海湾战争相提并论。在海湾战争中,多国部队尤其是美军使用的高技术兵器,几乎包括陆海空的各个方面。其中主要有军用卫星、全球定位系统、精确制导弹药、夜视器材、新型坦克、隐形飞机、巡航导弹、防空导弹系统、电子战武器、军用计算机、C^3I系统等等。

高技术兵器的使用,使战争出现了许多前所未有的情况。例如,在以往的战争中,美军的坦克必须先找到隐蔽物,停车瞄准后才能开火,而且夜间在2000米以外击中目标的机会几乎等于零。而在海湾战争中,M-1A坦克却不仅可以在行进中开火,而且它所装备的夜视仪、激光器以及能根据湿度、风力和其他情况自动调整射击的计算机可保证在任何情况下90%的命中率。又如,在越南战争中,美军飞机投掷炸弹或发射导弹落在目标150米以内的只有50%,而在海湾战争中,这一范围已精确到5米左右。就战争最基本的特征而论,海湾战争同以往战争相比最突出的特点是:

1. 高技术武器装备大量涌现

在海湾战争中,美国动用了12类50多颗各种军用和商用卫星构成战略侦察网,为多国部队提供了70%的战略情报;多国部队集结了2790架现代化的固定翼飞机、1700多架旋翼飞机(其中600多架攻击直升机)、6500余辆坦克装甲车辆以及大量自行火炮、火箭发射车、工程技术保障车辆等;多国部队虽然与伊军在数量对比上不占优势,人员比为1/2.4,火炮数量比为1/2.4,坦克数量比为1/1.44,但多国部队调集的现代化装备数量却超过伊军许多倍:新式飞机数量比为13/1,攻击直升机数量比为16/1,在精确制导武器上多国部队拥有绝对优势。在海湾战争空中作战投掷的8万多吨弹药中,精确制导武器仅占总投弹量的7%,但命中率却高达90%。

F-117隐形战机飞赴战场

2. 空中力量发挥了决定性作用

这次战争一改过去以地面作战为主的方式,以空中打击为主。空战中使用的精确制导弹药虽然仅占总投弹量的9%,却炸毁了70%~80%的目标,起到了战争的主角作用。空战中还有一个创举,那就是巡航导弹进入了空中打击的行列,多国部队共发射了200多枚战斧巡航导弹实施远程打击。

在历时38天的空中作战中,以美军为首的多国部队出动了各种用途的飞机,共动用了30多颗卫星,130多架侦察机以及大量的侦察器材,进行了地、空、天覆盖性侦察,保证了及时可靠的情报来源。各种战斗机对伊军的指挥中心、防空体系、重兵集团等进行了全方位、全天候的空袭,完成了战略空袭、夺取战区制空权、削弱伊军地面部队和支援地面作战等4个阶段的任务,对战争进程起到了决定性作用。

3. 快速机动作战成为进攻作战的基本方式

在海湾战争中,以美军为首的多国部队进行了100小时的地面作战,是一场大规模的进攻战。但是,在克服工事构筑良好、纵深梯次配置的防御时,使用的已不再是传统的突破方式,而是从地面和空中对敌实施双重包围,通过地面部队的高速推进和空中兵力投送,在敌后方形成积极活动的正面,直接攻击敌主力部队。这种以机动作战为主的战法,目标明确,行动坚决,更快地推动了战役进程的发展。

4. 远程火力打击战成为主要的战争手段

在以往战争中,近距开火、短兵相接甚至白刃格斗是双方交战的主要战斗手段。但在海湾战争中,这种情况已经极为少见。以美军为首的多国部队,充分发挥高技术兵器远距离精确打击的性能,主要进行远距离火力战。例如,"阿帕奇"武装直升机通常都是在伊军地面防空火力有效射程之外发射反坦克导弹,摧毁伊军坦克装甲车;M-1A坦克也是在敌方火力射程之外开火,摧毁伊军坦克和阵地设施。远程火力战使技术装备优势一方能够先敌发现、先敌开火,同时也大大减少了己方人员的伤亡。

5. 电子战成为战争胜负的决定性因素

预警、指挥、控制、通信和情报是现代战争赖以进行的重要手段。丧失这一切,就从根本上丧失了战场主动权。在海湾战争中,电子战由于可剥夺敌军在此方面的能力,夺取战场制电磁权,而成为实施

海湾战争中的E-2C 预警机

"硬杀伤"所不可缺少的一种作战方式。多国部队投入电子战部队人数达5000多人,电子战飞机和预警机200多架。

在战争开始前,美军即使用电子作战飞机对伊军电子设备实施强烈干扰,压制伊军的通信和预警雷达系统,保证了空袭行动的突然性。在战争全过程中,美军又针对伊军的指挥、控制、通信和情报系统实施强大的电子战,对伊军电子设备、防空雷达和通信网络等进行"软压制"。结果使伊军指挥失灵,通信中断,空中搜索与反击能力丧失,处于被动挨打的地位。

6. 夜战的地位和作用有了显著的提高

在以往的战争中,夜幕是装备劣势一方可以利用的保护伞,而海湾战争则表明,夜幕给这样的军队带来的几乎是灾难。在这次战争中,美军飞机、坦克、步兵战斗车乃至单兵武器都装备有红外夜视装置、激光夜视仪和红外

热成像设备等夜视夜瞄器材,这使美军的武器装备在夜间可以发挥同在白天一样的作战效能,使美军能昼夜不停地连续作战,更有效地打击伊军,更快地推进战役战斗的进程。

海湾战争不仅是冷战时期向冷战后时期的转折点,也是机械化战争时代向信息化战争时代的重大转折点。有人评价海湾战争是"信息化的第一场战争",现在看来应当认为是由机械化战争时代向信息化战争时代转变中的最典型的一场战争。海湾战争保留了机械化战争的最先进样式。连续38天的空袭是以空中力量为主,配合大量的精确制导武器对敌人的远程攻击,是一种非线式作战,没有前后方,没有明显的战线划分,开辟了许多新的战争样式。应该说这是在核威慑下的20世纪最典型的高技术局部战争,这场战争预示着未来战争形态即将形成。

第三节 真正的非接触性战争——科索沃战争

1999年3月至6月,以美国为首的北约军事集团对南联盟发动的代号为"联盟力量"的科索沃战争,是一场以远程和高空精确打击为主的"非接触性战争"。这场战争自始至终表现为一场大规模空袭与反空袭战役,以完全独立的空中战役达成了战略目的,标志着空中作战的地位空前上升。

北约攻打科索沃示意图

一、科索沃战争爆发的原因

科索沃战争是发生在20世纪末的一场重要的高技术局部战争,它的直接原因是科索沃的民族矛盾。科索沃是南联盟所辖塞尔维亚共和国的一个省,人口约220万,90%以上是阿尔巴尼亚族,其余是塞尔维亚族、黑山族等。

由于历史原因,科索沃的塞、阿两族长期不和,阿族要求建立"科索沃共和国",并谋求从南联盟分离出去,最终与阿尔巴尼亚合并。而塞族则将科索沃视为自己民族历史和文化的摇篮,不愿放弃那里的一寸土地。阿塞·两族针锋相对,互不让步。一些阿族极端分子成立了"科索沃解放军",号召阿族人起义,并策划了一系列袭击和暗杀事件,使暴力冲突逐步升级。从1998年2月开始,科索沃局势急剧恶化。

科索沃的民族矛盾正好被北约所利用。冷战后,美国希望通过扩大北约的职能范围,使其成为自己独霸全球的工具,在联合国安理会"不听话"的情况下,利用北约来达到自己的目的。波黑战争和科索沃危机正是北约新战略的"试金石":通过在波黑、马其顿,随后在科索沃驻军,力争将俄罗斯从其传统的势力范围——巴尔干地区排挤出去;同时,肢解南联盟或使其屈服,将整个巴尔干地区完全纳入北约战略体系之中,完成北约东扩和对俄罗斯的战略挤压。因此,以美国为首的北约从一开始就积极卷入科索沃危机,使其逐渐国际化,并着手准备对南联盟动武。

1999年1月,美国以武力强迫科索沃冲突双方依美国的方案到法国的朗布依埃进行谈判。谈判中,南联盟表示其他条款均可接受,只有北约军队进驻科索沃的条款不能接受。谈判最终破裂,北约于是迫不及待地对南联盟动武。3月24日,北约以"保护人权"之名,对南联盟发动了代号为"盟军"的空袭行动,将南联盟拖入战争的深渊。

二、科索沃战争的简要过程

北约的空袭大致分为三个阶段。

第一阶段,打击核心设施,夺取制空权,以炸逼降。3月24日~27日共进行了四轮空袭,目标集中在南联盟的防空体系、指挥和控制中心、军工厂和在科索沃的塞族军队。

第二阶段:持续打击,孤立南联盟,全面削弱战争潜力。3月28日,北约

空袭目标转为对南联盟人民军地面部队和军用物资进行攻击,企图破坏南联盟的战争机器,迫使南联盟屈服。

第三阶段:重打能源设施,雪上加霜,迫敌投降。4月13日,美国总统克林顿宣布对南联盟的空袭进入第三阶段,扩大空袭范围,增加空袭强度。北约对南联盟境内的所有军事目标进行24小时不间断轰炸;另一方面,为了削弱南联盟人民的抵抗意志,北约还对南联盟的民用设施,如桥梁、铁路、公路、工厂、电视台、通讯系统和电力系统等进行狂轰滥炸。此外,美国还向巴尔干派遣地面部队和"阿帕奇"攻击直升机,为地面进攻作准备。

据统计,北约在这次战争中共派遣飞机1000多架,舰艇40多艘(其中美国约730架飞机、24艘舰艇)。飞机共出动32000架次,投弹13000吨,使用了大量杀伤性能极强的新式武器,造成南联盟1800多名平民丧生,6000多人受伤,近百万人沦为难民,20多家医院被毁,300多所学校遭破坏,还有50多座桥梁、12条铁路、5条公路干线、5个民用机场被炸毁,39%的广播电视传播线路瘫痪,大批工厂、商店、发电厂被毁,直接经济损失达2000多亿美元。这一数字超过了南斯拉夫在整个第二次世界大战中遭受的损失。

三、科索沃战争"以空制胜"的秘诀

科索沃战争是人类历史上第一次单纯依靠空中力量取得决定性胜利的战争,也是一场真正的非接触性战争。战争从始至终,南联盟军队都没有见到对方士兵的面孔,看见的只是导弹的狂轰猛炸。回顾整个战争始末,北约空军之所以能够取得如此骄人的成绩,得益于美国高技术兵器的更加广泛的应用。南斯拉夫成了种种高技术武器装备的试验场,美国动用了其已正式列装的全部高技术兵器。

1. 先进的太空监视技术,使敌人难逃法眼

此次以美国为首的北约部队使用航天武器的规模达到了空前的程度。北约用50多颗卫星直接参加了针对南联盟的军事行动,为其战斗行动提供

保障。属于美国中央情报局的2颗雷达成像军事侦察卫星、3颗传送图像和数据的卫星和另外3颗轻型卫星也加入了情报保障行列。除侦察卫星外,北约还动用了大量的气象卫星,包括美国空军军事气象卫星、4颗观测海洋和大气的气象卫星和2颗欧洲气象卫星。美国全球卫星系统的24个航天器以及各种通讯和数据卫星,也在为打击南联盟的军事行动提供信息支援。事实上,南联盟上空已经被北约大批军事卫星密织起一张太空数据网。南联盟军队的一举一动完全暴露在北约盟军的面前,战场对于北约盟军是完全透明的。

2. 先进的作战飞机,如入无人之境

北约在空袭一开始就集中了460架先进作战飞机,对付南联盟空军的170架老旧作战飞机,后来更是增加到1200架,无论数量还是质量都有绝对的优势,是所谓"第四代"航空兵器与"第二代"航空兵器的较量。美国空军中最先进的B-2隐形战略轰炸机、B-1B远

执行轰炸科索沃任务的B-2A隐形轰炸机正在进行空中加油

程战略轰炸机以及F-117隐形战斗轰炸机全部投入战场。价值22亿美元的B-2A隐形轰炸机首次投入实战,格外引人注目。1999年3月24日,两架B-2A从美国本土起飞,长途奔袭1.6万余公里,避开南联盟的雷达站和防空火力网,用32枚卫星制导的精确制导弹药攻击了南联盟的重要目标。B-2A隐形轰炸机采用了第二代隐形技术,其雷达反射截面积仅0.01平方米,防空雷达很难探测。两架B-2A各携带16枚"联合直接攻击弹药",其威力相当于二战时200架B-17轰炸机和越战40架F-105战斗轰炸机。虽然B-2A的出动率仅占整个空袭行动的1%,但其目标摧毁率却占到总数的10%以上。这些隐形战机不仅能够实施远程超视距攻击,而且在南联盟

上空可以任意飞行,不用担心对方防空武器的威胁,可谓如入无人之境,南联盟的防空系统也只有被动挨打的份了。

3. 远程精确打击弹药,如神兵天降

以美国为首的北约部队投放了 2.3 万枚炸弹和导弹,其中 8000 多枚属于精确制导武器,占全部武器装备的 35%。尤其是北约部队在攻击南联盟的防空部队时,95% 以上使用的都是精确制导武器,攻击成功率达到

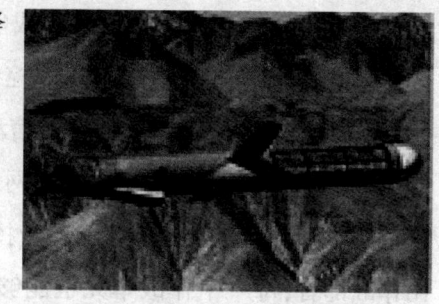

战斧巡航导弹正在飞往科索沃

70% 以上。此次战争中非常出名的"战斧"巡航导弹,就是远程精确打击弹药中的一员。"战斧"巡航导弹装有地形匹配制导系统,可在指定的地形上空飞行,前部装有目标自动识别系统,接近目标后,导引头打开,将目标与储存在识别系统的目标数字化图像相对照,认准后即实施攻击。

北约除使用了卫星精确制导武器外,还使用了破坏力极强的激光制导穿地弹、集束弹和破坏供电系统的石墨、碳纤维炸弹,以及破坏通信指挥系统的电磁脉冲弹。这些导弹可对目标实施命中精度达 10 米级甚至米级的精确打击,其破坏性、杀伤力更加强大,一定程度上可以取代地面近距炮火的作用。

各种远程打击弹药,有从 800 公里以外发射的空射巡航导弹,又有从 1000 公里外军舰上发射的巡航导弹,或者在 4000～50000 米的高度发射的空对地导弹,通过不同的方式通向南联盟,使整个南联盟处于前线状态。整个火力打击呈现全方位、大纵深、多层次的立体化状态。攻击从前沿、纵深同时开始,空中、海上、陆地同时相继展开,甚至从意想不到的方向或纵深首先进行。这些精确弹药基本上实现了"发射了就不管"的高级水平,使战争成为真正意义上的"打窗户式的战争",进攻方如神兵天降,防御方晕头

转向。

4. 先进的电子技术,使自己耳聪目明、敌人耳聋眼瞎

科索沃战争中,北约为了保证战争顺利进行,采用了先进的指挥自动化控制系统,即 C^4ISR 系统(即指挥、控制、通信、计算机、情报、监视和侦察系统)组成了具备情报监视侦察、通信和指挥控制三大功能的指挥自动化体制;形成了战略、战役、战术三级联网的指挥体制,初步实现了战场数字化;先进的指挥自动化系统使北约的指挥官能够实时了解战场态势,快速地做出作战部署;每一个作战单元也能够迅速地执行上级命令,利用其先进的 C^4ISR 系统,可以指挥数以千计的作战飞机从几十个机场(航母)上起飞,执行空袭任务。

除了使北约自己的作战体系耳聪目明之外,北约还不忘使南联盟军队耳聋眼瞎。在科索沃战争中,北约派出了 EA-6B、EC-130、EF-111、E-8 等电子战飞机 70 架(占飞机总出动率的 40%),实施了大规模的电子进攻。38 架 EA-6B 始终伴随突

EA-6B 徘徊者电子干扰机

防飞机对南联盟的预警雷达和火控雷达实施"致盲"干扰,3 架 EC-130 电子干扰机轮流升空,对南联盟的指挥通信系统实施"致聋"干扰,从而使南联盟的远程预警系统、指挥通信系统、兵器制导系统遭到巨大破坏,民用有线电与无线电系统也一度陷于瘫痪,有效地掩护了轰炸机编队的空中突防。

第四节 "雄鹰"对"小鸡"的非对称作战——阿富汗战争

美国世贸中心被飞机撞击瞬间

2001年在美国发生了震惊世界的"9·11"恐怖袭击事件。与以往传统意义的恐怖活动不同,恐怖分子选择了世界最强大的国家——美国最重要的两个城市——经济中心纽约和政治中心华盛顿最具象征意义的建筑:财富的象征——世贸中心和军事实力的象征——五角大楼,采用劫持民航飞机自杀式撞击的方式对美国进行了恐怖主义打击。同时借助新闻媒体的现代高科技转播手段,让全世界数以亿计的人在同一时间目睹了世贸中心的坍塌,使得这次恐怖袭击所产生的效果更加震撼人心。

美国为了报复恐怖分子的恐怖袭击活动,于2001年10月7日向恐怖分子的老窝——阿富汗,发动了一场高技术战争。美、英两国部署了近8万人兵力,先后动用5个航母编队及500多架战机,对阿富汗实施了军事打击。两个月后,联合部队在阿富汗"反塔利班联盟"武装的协助下推翻了塔利班政权。

一、阿富汗战争的简要进程

1. 首轮攻击

2001年10月7日,美英以塔利班包庇和窝藏"9·11"恐怖袭击的幕后凶手为由,在当日晚上向阿富汗发动了大规模空袭,对塔利班和阿尔基地多个据点进行了地毯式的猛烈轰炸,极大地削弱了恐怖分子的作战潜力。攻击目标主要是塔利班的防空导弹、燃油补给站、机场及通讯系统。轰炸中美

军使用了威力巨大的 GBU-28 激光制导炸弹。这种钻地炸弹长 5.85 米,投掷距离 5000 米,可穿透 30 米厚的土层、6 米厚的加固混凝土层。空中打击过后,塔利班政权的大部分通讯、交通、空防炮基地、雷达设施基本摧毁,塔利班当局已无法统一指挥各

F-15战斗机在投掷GBU-28激光制导炸弹

地军队,其高炮及少数的导弹无法准确攻击英美战机。美国总统布什和国防部长拉姆斯菲尔德在 10 月 10 日均表示,美军的攻击已摧毁了 85% 的目标,基本上掌握了制空权,美军飞机已可随意飞临阿富汗地区。

2. 地面征服

塔利班庞大的准备用于"人民战争"的军事躯体,已被美国的导弹切割为没有能动反应力、只能任人宰割的"肉块"。11 月 13 日,塔利班放弃喀布尔返回坎大哈。11 月底,美军地面部队全面进入阿富汗,与北方盟部队一鼓作气,直捣坎大哈。12 月 7 日,塔利班交出坎大哈并向临时政府投降。从 10 月 7 日开战到塔军投降,美国人竟只用了 61 天的时间和一两万地面部队,就在阿富汗高山峻岭中打赢了这个近两百年来西方人都没有征服的小国。

二、美国在阿富汗战争中取得迅猛胜利的原因

阿富汗地处欧亚大陆中心地带,地势自北向西南倾斜。山地和高原占全国面积的 4/5,平原分布在西部和北部。兴都库什山山脉斜贯中部,东段山势险峻,西南部有沙漠。国内以普什图族为主,还有乌兹别克族、哈扎拉族、土库曼族、俾路支族等。正是这样有利于"开展人民战争"的地形和居民构成,才使得几百年来西方和俄国入侵者在阿富汗屡战屡败;但同样的地形和居民,21 世纪之初的美国却在阿富汗战争上取得了迅猛胜利。

那么,美国人是凭借什么迅猛地打赢这场战争的呢? 这归因于美国先

进的军事高科技。

兵舰未到、卫星、侦察先行，是美国在这次阿富汗军事行动中的重要特点。10月5日，就在向阿富汗塔利班宣战前两天，美国国家侦察局从加利福尼亚州的范登堡空军基地，用"大力神-4B"运载火箭，秘密发射了一颗任务高度机密的KH-11、KH-12"锁眼"系列照相侦察卫星。美国

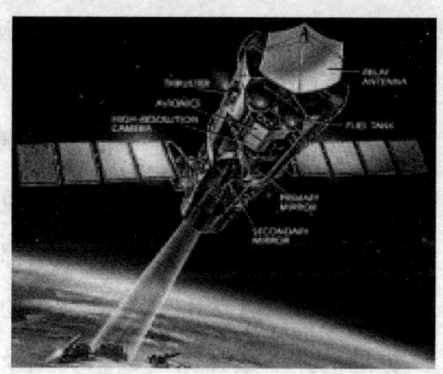

美国KH-11侦察卫星

将多颗"锁眼"卫星调集到中亚地区上空，其地面分辨率达0.1米，能自动将敌军照片传送到地面接收站及指挥中心。

美国还派出U-2侦察机和全球鹰无人侦察机进行敌情勘察。U-2侦察机可以在21000米的高空飞行，既拍摄地面照片，也窃听通信。全球鹰大型无人驾驶飞机在阿富汗战区首次飞行，它长13米，能在19500米的上空飞行，视力可穿透云层，既可传回照片，还可以在空中完成情报处理。还有美军的全球卫星定位导航系统（GPS），能使美军士兵不依赖气象条件，在地球表面任何一点确定自己的坐标和精确时间，并获得相关导航信息。上述这些高科技信息技术犹如一张大网，昼夜监视阿富汗全境。

另外，美军在阿富汗战争中，精确制导武器的使用率超过60％，动用了轰炸、强击、歼击、侦察、运输、预警、电子战、无人飞机和直升机等10余个机种的500多架飞机。其所有空中力量构成了一个多机种、多用途、全空域的空中作战系统，密切协同、优势互补，充分发挥了"整体大于部分之和"的系统效应。

正是由于广泛使用了军事高科技，美军对塔利班的信息了如指掌。在此基础上，美军用强大的火力切断塔利班作战系统之间的通信联系，将敌军

的军事作战系统切割成互不相关的"板块"。此后,美军再派为数不多的地面部队进入阿富汗,将这些被动的"板块"围而歼之。科索沃战场上,南联盟是这样被打败的。海湾战争中,萨达姆也是这样被打败的。

三、阿富汗战争是一场"雄鹰"对"小鸡"的非对称作战

美国在阿富汗进行的反恐怖战争,作为新世纪的第一场高技术局部战争,是一场不对称的战争。战争的一方是世界上最强大的国家美国及其北约盟国,拥有最先进的武器装备、最精锐的军队,而它的对手阿富

美军全球鹰大型无人机

汗塔利班及基地组织,武器落后,战斗力较弱,在国际上受到最大的孤立,面对强大的美国几乎没有还手之力。

在战争中,西方国家的现代高技术兵器纷纷登台亮相。美军在阿富汗的军事行动中,使用了包括 B-1、B-2 和 B-52 在内的轰炸机、发射了战斧巡航导弹、GBu-28 激光制导炸弹、联合直接攻击弹药。美军在空袭中首次使用了"捕食者"无人机发射反坦克导弹,这是世界上首次将无人机用于实战。

相对于美国先进精锐的武器装备,塔利班武装仅拥有有限的 T-62 坦克和米格-21 战斗机,步兵只有迫击炮和重型机枪等简单装备。"毒刺"导弹对于塔利班来说已经算是很精良的武器装备。

武器装备之间的"代差",使得阿富汗军队与美国军队的对抗,就如同拿着

塔利班士兵向外国记者展示他们的防空武器

木棍、刀枪的军队与手持机关枪的军队对抗一样,其结果只能是弱者任人宰割,毫无还手之力,强者则像雄鹰对小鸡一样,不用担心被小鸡啄伤,而随意

玩弄小鸡。

第五节 未来信息化战争形态比较
成熟的战争——伊拉克战争

2003年3月20日,美国以伊位克藏有大规模杀伤性武器并暗中支持恐怖主义为借口,绕开联合国安理会,公然对伊拉克实施大规模军事打击。美英联军此次发动的战争行动代号为"伊拉克自由",其对外宣传目的是推翻萨达姆政权,解除伊拉克大规模杀伤性武器的威胁。

一、伊拉克战争的简要过程

2003年3月20日,以美国和英国为主的联合部队正式宣布对伊拉克开战。澳大利亚和波兰的军队也参与了此次联合军事行动。美国总统乔治·W·布什要求伊拉克总统萨达姆·侯赛因和他的儿子在48小时内离开伊拉克。该通牒到期后联军便发动了军事行动。在持续44天的伊拉克战争中,美英联军的作战行动分为以下几个阶段:

1. 战争初始阶段

美英联军从3月20日(伊拉克时间)

F-117隐形战机精确投射炸弹

起,向伊拉克发动了代号为"斩首行动"和"震慑"行动的大规模空袭和地面攻势。战争一开始,美英联军一反常规,没有进行开战初期夺取制空权的大规模轰炸。在3月20日10时34分开始的首轮空袭中,仅发射了45枚巡航导弹,出动了两架F-117隐形战斗机,投掷了4枚精确制导弹药,对位于巴格达郊外的伊领导人地下隐蔽所、萨达姆住宅及其亲属和高级助手的住地进行了突然的"斩首"攻击,企图一举除掉萨达姆,打乱和瘫痪伊军指挥体系,使伊处于群龙无首的状态,缩短战争进程。可惜此举并未达到作战目的,萨达姆还好好活着。

3月22日,美英空中力量又突然开始对伊拉克实施猛烈空袭。美国防部称"决定性空袭"开始,并将这次空袭命名为"震慑行动"。轰炸的主要地区是巴格达。在"震慑"行动中,美军出动 B-52 战略轰炸机、各类战斗机和舰艇,用精确制导武器对萨达姆的官邸和伊拉克指挥中心进行"饱和"轰炸,就是要使伊军群龙无首。与此同时,对伊拉克其他战略目标进行轰炸。巴格达上空火光闪耀,浓烟四起。在整个行动中,一朵朵蘑菇云升腾而起。这种蘑菇云来自美军一种号称"众弹之母"的热压炸弹,这种被称为"常规原子弹"的热压炸弹重达9752千克,除杀伤力极大外,还会给敌军造成巨大的"心理震撼",所以叫做"众弹之母"。这一切,都是做给萨达姆和伊拉克看的。"震慑行动"的目的就是在"斩首行动"未获成功后,企图通过突然的大规模轰炸,对整个伊拉克"造成立即失去抵抗能力的震慑效果",并以此瓦解伊拉克军民的抵抗意志,从而达到在战争初期就能速战速决的目的。

美军B-52战略轰炸机投弹

第3机械化步兵师直逼巴格达

在空中打击后的第二天,美军就展开了咄咄逼人的地面攻势。在明知伊拉克军队有生力量依然存在的情况下,美军第3机械化步兵师和第7骑兵旅重型装甲车和坦克车,在直升机的配合下,沿伊拉克南部沙漠地区,向巴格达前进。在最初三天里,第3机械化步兵师的攻击行动如同行军一样,由南向北推进了约 700 公里。其推进速度创下了历史纪录,是 1991 年海湾战争时美国陆军推进速度的 4 倍。

2. 战争僵持阶段

在接下来的几天内,美英联军的地面部队,在伊中部和南部遭到顽强抵抗。由于美英联军战线拉得太长,造成后勤补给困难,再加上后勤补给车队时常遭到伊拉克非正规部队的袭击,到 3 月 28 日,先头部队一天只能吃一次饭,坦克油料弹药也消耗得差不多了,只好原地调整部署。开战第 11 天,美英联军已在伊拉克投下了约 6000 精确制导炸弹,发射了 675 枚"战斧"式巡航导弹,但是尚无一支伊军集体投降,欢迎联军的不是鲜花和笑容,而是伊军的顽强抵抗和伊拉克平民的猎枪。萨达姆的统治不仅没有失控,反而有迹象表明,他对国家和军队的控制在加强。经过十几天的战斗,第 3 机械化步兵师进攻受阻,美军地面力量不足的弱点已经暴露出来。人们开始怀疑战争是否会像盟军预想的那样快速制胜。

3. 战争转折阶段

美英联军凭借空中优势和机械化部队,兵分几路发起强大攻势,先后攻陷伊南部巴士拉等重要城市和战略要地,并对巴格达形成合围,从而使战事呈现一边倒的态势。

4 月 5 日,美军发起了攻打巴格达的战役,巴格达战役仍然以空袭行动先行。美国空军将战斗机机群分层部署在巴格达上空的不同高度,形成立体攻击部署。其中低层的飞机在投放完弹药或油量不多时立即返回,处在较高层的飞机则降低高度,接替返航飞机继续

美英联合作战指挥中心

完成作战任务,从而 24 小时不间断地对巴格达实施了"城市近距空中支援

行动"打击。为了精确打击并避免误伤,美军甚至派出了专门负责指示目标的"空勤前方空中管制员","捕食者"和"全球鹰"等无人机全天候地对巴格达实施战场侦察。美军的空中打击为其地面进攻创造了极其有利的条件,以致地面进攻部队几乎兵不血刃就快速占领了巴格达市。

4. 战争收尾阶段

4月6日,美英联军控制了几乎所有通往巴格达的道路。9日,美军突入巴格达市区。10日,美军控制了伊拉克总统萨达姆的许多权力象征建筑,其中包括总统官邸、政府各部大楼和议会大厦等。这标志着萨达姆政权终于被彻底推翻。14日,美军攻占了伊拉克最后一个主要城镇提克里特市。当天,美国少将斯坦利·迈克里斯汀在五角大楼说,在伊拉克的主要战斗"已经结束"。

据不完全统计,在这场战争中,美英联军的轰炸造成伊1000多平民丧生,5000多人受伤,并给伊拉克带来一场严重的人道主义危机。此外,美军在伊战的死亡人数达130多人,500多人受伤。

二、伊拉克战争的主要特点

在伊拉克战争中,美军凭借其强大的军事实力和技术优势,在较短的时间内,以较少的兵力,打了一场没有悬念的战争。与海湾战争、科索沃战争和阿富汗战争相比,伊拉克战争是一场信息化特征更为明显的战争,可以说伊拉克战争是未来信息化战争逐步成熟的标志,这场战争是人类战争形态步入一个新的转型期的一场重要战争,预示着信息化战争正成为未来战争的基本形态。与前几次现代化战争相比,伊拉克战争有以下几个鲜明特色。

1. 信息化特征非常明显

(1)美军武器装备的信息化程度大大提高

陆军信息化装备达到50%以上,海军和空军则达到70%以上。此次战争中,美英高技术信息化兵器不但数量多,而且质量高。如,信息化弹药系

统明显增多,仅精确制导武器就占美英使用武器的90%,而在海湾战争中只占8%。远程武器在新信息系统的支持下日益精确。美英空袭几乎全部是使用GPRS辅助制导的精确制导武器,替代以前使用的地形匹配制导。"战斧"式巡航导弹防区外发射距离增加了20%。

美国士兵与排爆机器人一起排雷

更为重要的是,世界上首支数字化部队——美军第4机械化步兵师被首次投入实战。"全球鹰"、"龙眼"、"影子"无人驾驶飞机,电磁脉冲炸弹、微型机器人等等,也被广泛运用。

(2)构建了功能强大的战场信息化网络。

在伊拉克战争中,美军能够在数分钟内进行侦察、识别并击毁伊军陆地机动装备,应归功于战场信息化网络。此次战争中,美英联军动用了100多颗卫星,构建了功能强大的战场信息化网络。而指挥控制系统、通信系统、计算机系统和侦察监视系统等网络系统,通过数字化设备与战场信息化网络相链接,形成一个有机的整体,使陆基、海基、空基、天基的作战平台和各类人员,能快速交换战场情报信息,并共享各类信息资源,形成了支持各种作战活动的多维信息空间战场。

通过高度透明的信息化战场,美英能够获取各类作战信息,并能够快捷地传递和处理,信息的获取达到了精确化、实时化的程度。在信息处理上,美军联合作战中心的信息处理与分析中心,能随时对所搜集到的信息进行审查和过滤,然后将战场新消息报告指挥官,在信息传输上基本做到了实时化。伊拉克战争中,由于美军各种参战飞机各安装了"快速战术图像系统"和目标数据实时接收与修正系统,每件地面作战装备都安装了导航定位系统和信息传输、处理设备,每位特种部队士兵的电脑上都安装了"漫游者"软件,参战的美陆、海、空三军指挥系统也都实现了联网,从而使美军从卫星、侦察机和其他手段获得的信息,能通过数据链,实时地传输到参战部队。美军的攻击行动,从目标信息的获取到传输处理,再到反馈作战平台,最后完成火力攻击的整个过程只需要10秒钟左右的时间,几乎做到了"发现即摧毁",作战能力大大提高。

由于掌握了信息权,也就掌握了主动权,战争进程基本上控制在美英联军手中。而在信息上处于劣势的伊拉克,只能处于被动挨打的境地。本次战争,美英以其优势的信息化武器系统,采用信息战为主导的作战形式实施对伊拉克的作战,使机械化战争向信息化战争的过渡又迈出了重要的一步。

2. 信息心理战一展雄风

在战争爆发前,美军就制订了宏大而周密的心理战计划,并将其纳入国家总体战略之中,从政治、经济、外交、军事等多个层面对伊实施协调统一的心

美军通过战地广播对敌人实施心理干预

理战行动。在伊拉克战争中,美军充分利用了现代信息技术所能提供的各种手段,使心理战具备了全方位、全时空、多形式的特征。

首先,传单和广播这两种传统手段得到了最大限度的发挥利用。美军将无线电广播设备装在经过改装的 EC-130E 型飞机上,建成空中广播电台,在伊境内盘旋着向伊军民播音。在战争进行中,美军天天出动 EC-130E 型飞机直接从空中用阿拉伯语向地面广播,进行心战策反和劝降。其广播节目特意模仿伊拉克当地电台的风格,还使用欧美流行乐、传统民间音乐来吸引青年人及其他社会阶层人士,其内容都是心理学专家特别撰写的。地面的听众开始以为是自己国家的电台在进行广播,在不知不觉"上钩"不能自拔时,广播就立刻表明美国的官方立场,让伊军民拒绝保卫萨达姆。空军的

MC-130飞机也能够用于散发传单,伊拉克战争中,美军投下了2500万份传单。

其次,美军大量采用现代信息技术,使心理战呈现出高技术的特点。美军利用电视、网络、电子邮件、移动通讯、卫星频道插入等现代传媒和高科技手段,取得了明显的效果。据报道,在战争爆发前美军就搞到了伊方高层领导及军队重要指挥官的手机号码和电子邮件地址,向他们发送了大量手机短信和电子邮件,甚至雇用懂阿拉伯语的情报人员直接与他们通话,对萨达姆政权的"骨干"展开恐吓和劝降活动。还以电磁波为载体,输送各种欺骗信息,使伊军产生心理上的错觉和决策上的失误。战争初期,美军出动多种电子战飞机,对伊军预警雷达实施电子干扰,迫使伊军的指挥系统无法协调地空导弹和高炮的作战行动,难以进入自主作战状态;也使伊军产生了较大的心理波动,心理战线被攻破。

再次,信息生成技术成为这次信息心理战中的一个焦点。美国的信息生成技术处于全球领先地位,它可以用这种技术制造假新闻、假图像、假声音、假消息,其效果完全可以"以假乱真"。有报道称,在战争中美军曾运用这种信息生成技术向伊军下达假命令,并冒充伊拉克的本土电台实施广播,还模仿萨达姆和伊方其他军政领导人的声音下达假命令和假指示。

3.电视媒体的"传媒战"异军突出

伊拉克战争打响后,美伊双方都重视现代传媒在战争中的运用。伊拉克战争中的美军和伊军的传媒战使人耳目一新。美为了保证"先发制人"战略的顺利实施,减少世界舆论的压力,在战争打响之前,兵马未动,舆论先行,利用各种传媒手段,对伊拉克政府和萨达姆的"失道"进行大量的宣传,为战争做好铺垫。开战前夕,美军通过传媒大肆渲染精确制导炸弹的威力,企图迫使伊军"不战而降"。战争开始后,美国媒体又反复宣传美军势如破竹的气势,其目的也是为了打击伊方士气,逼迫伊军放弃抵抗。

例如,美国官方和西方媒体不断报道一些难以证实的"内幕消息",如萨达姆受伤、伊高层领导准备投降、南部伊军两个师准备投降、美英联军首日便攻下重镇巴士拉等等,目的是打击伊军斗志,制造混乱。而后来的消息证明,这些都是美军发布的虚假信息,意图扰乱伊方军心,摧毁其斗志。此外,美军还宣称正在与伊拉克共和国卫队的将

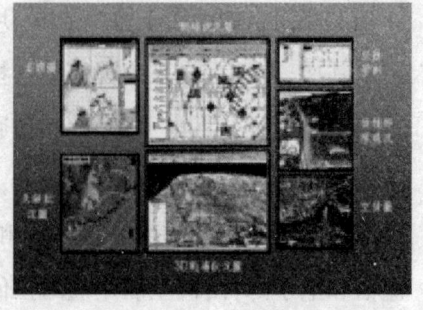

联合作战指挥中心的终端显示

领进行密谈,并通过收买反对派,来建立"倒萨"联合阵线,以煽动伊上层军官倒戈、民众造反,以此来削弱伊军民的凝聚力。

而伊拉克也不示弱,利用电视和报刊进行了针锋相对的还击。战争开始后,伊拉克不断向国际社会报道美军轰炸造成的平民伤亡惨景,意在争取国际舆论的支持,迫使美英结束战争。伊拉克还通过电视台不断宣传伊军胜利的消息和美军伤亡情况,播放美国战俘的画面,希望以此增加美国国内的反战情绪。

伊拉克在利用新闻媒体进行心理威慑上还创造了经典之作:伊拉克官方电视台一次播放萨达姆和高级将领开会的画面,将有"炭疽夫人"之称的女将军阿马希安排在萨达姆身旁。此举在美军中引起恐慌,以为是伊拉克发动生化武器攻击的先兆,于是紧急命令前线官兵穿上防化服。有人戏言:一位伊拉克女性露面电视,"吓坏"美军一个"师"。

还有以"大嘴"著称的伊拉克新闻部长萨哈夫,也是媒体战的佼佼者。他在记者招待会上,把华盛顿和伦敦当作在巴格达门口犯罪的"战争犯"和"坏蛋",他斥责美国人是"流氓强权"和"外来的恶棍"。在一次记者招待会上,萨哈夫幽默地说:美军在巴格达最受欢迎,因为我们将屠宰他们,这在一定程度上掩饰了伊拉克军队的颓势,也威慑了美军的作战部队。

4. 实现了空天地一体化联合作战

本次战争,美军使用了100多颗侦察、预警、通信、气象卫星,为作战行动

提供了实时可靠的情报信息保障。美英联军的空军每日出动几十架次侦察预警机,近千架次轰炸机和战斗机配合装甲部队地面作战,很好地发挥了各个军兵种的整体作战效能。

与传统的先炸后推、稳扎稳打、步步为营的战法不同,美军兵分三路长驱直入,直逼巴格达。战争中,美军地面部队与空中力量的配合得到了较好的演练。美英联军在战争爆发后15个小时便大规模出动陆军部队和海军陆战队,地面部队在空中力量的有力支援

伊拉克战争期间的"电视明星"萨哈夫

下,具备了更快的"机动性",无人侦察飞机在战场上空的不间断"盘旋",给前线指挥员提供了第一手、活生生的"敌情"画面。而空中力量在地面部队的引导下获得了更高的打击"准确度"。在大规模、超强度、高精确的空中火力支援下,面对地面作战准备不充分的伊拉克军队,联军长驱直入,如入无人之境,用了短短的二十几天便占领巴格达。持续的空中精确打击和快速的地面部队机动相结合,对推动战争发展起到了巨大的推动作用。

5."精确打击"坚持到底

为实现速战速决,美军大量使用精确制导武器。1991年海湾战争中,美军投放的全部弹药中,精确制导炸弹占8%,而在伊拉克战争中美英军队使用的精确制导炸弹却超过了90%。广泛实施的空中精确打击,严重削弱了伊军的战争力量。

此次战争中空中力量依然扮演着重要的角色。美军的空袭强度基本保持在每天1000枚炸弹左右,打击范围遍及伊拉克全境,特别是巴格达、巴士拉、摩苏尔、基尔库克等战略要地。打击目标从萨达姆的行宫、伊政府高级官员的住所、伊军的指挥、控制、通信系统和防空系统,逐步扩大到共和国卫

队阵地和伊军的主要兵力集结地等。伊空军基本上没有出动，地面部队也没有进行像样的反击，防空部队只进行了轻微的抵抗，其原因与美军持续进行高强度的空中精确打击有关。

获取准确的情报和信息是远程精确打击的前提。美军遍布空间、空中和地面的情报侦察系统形成了一个无处不在的巨大的信息网，空中侦察与地面侦察相结合，技术侦察与人工侦察相结合，抵近侦察与远距离侦察监视相结合，使战场的透明度极高。美军无人侦察机、间谍飞机、侦察卫星、特种部队和卧底的"线人"24小时不间断地向前线指挥官和后方指挥部发送实时的战场态势图像和情报，引导空中力量对有价值的目标实施精确打击。

空地一体战

第六节　未来太空战的前奏——"施里弗"太空战演习

随着人类航空航天技术的飞速发展，战争开始"垂涎"于浩瀚的太空。美国空军空间司令部于2001年1月22日~26日，在科罗拉多州以东的施里弗空军空间作战中心，举行了一场前所未有的代号为"施里弗-2001"的首次太空战演习，很多军事专家和普通群众惊呼"星球大战计划"即将死灰复燃。随后在2003年2月20日~27日，美国空军空间司令部在科罗拉多州的施里弗举行了代号为"施里弗-2"的军事演习。2005年2月5日~11日，在内华达州内利斯空军基地秘密进行了"施里弗-3"太空战模拟演习。这三场模拟演习可以说是未来天战（太空战）的彩排，向我们初步展示了未

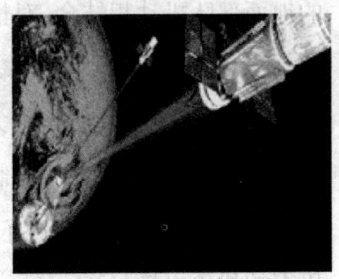

美国总统里根提出星球大战计划

来太空战的样子。

一、美国进行太空战模拟演习的背景

美国空军是在什么样的背景下首次进行"施里弗-2001"大规模太空战演习呢？从直接原因来看，时任美国国防部长的拉姆斯菲尔德，比其前任国防部长更重视太空的军事用途，所以这种大规模的模拟演习显然有迎合新顶头上司的意图。然而，更深层次的背景却是美国军方和美国经济对卫星的依赖程度已达到前所未有的高度。

在海湾战争中，美国动用了70%的军用卫星服务于战场，还征用了大量的民用卫星；在科索沃战争期间，五角大楼的全球定位卫星群，对引导精确炸弹在恶劣天气下击中目标起到了关键作用。因此，美国不能容忍空间通信系统有任何闪失。1997年美国的银河-4通信卫星发生故障，就曾导致几乎全美国的无线寻呼漫游业务瘫痪。美国航天司令部在其远期规划中毫不掩饰地说："到2010年，美国公司向太空投资的总额将达到5000亿美元，就像18世纪组建海军保护海上贸易一样，军队应该被号召起来保卫美国在太空的利益，确保国家在太空的行动自由。"

美国在认识到空间技术的巨大价值之后，一方面提出要把卫星和其他航天器作为美国的国家财产和主权物来保护，另一方面提出要具备随时剥夺其他国家应用空间技术的能力。简单地说，就是既要保护美国的卫星不遭到攻击，又要具备攻击和摧毁其他国家卫星的能力。为此，美国从20世纪80年代开始就大力研制反卫星武器，主要是为对抗强大的前苏联空间力量。冷战结束后，美国不但没有顺应缓和的国际形势，反而加大了对空间战的投入，研制了大量空间武器。

1997年，美军向一枚老化的空军卫星发射了一束激光，给卫星造成了明显的破坏，这让美国国防部切身意识到了卫星保护的重要性。1999年，美国空军曾设想用三种军事力量与假想敌交战：一支是主要由太空武器武装起来的天军，另两支装备更多的是常规武器。结果天军用几天就打赢了战争；

而另两支部队则花了长达数月的时间,多出3倍的人员才取得了同样的结果。为此,美国国防部进一步提出了加强太空武器系统的建设的要求,提出在2020年之前部署天基激光武器系统,到2025年要在外层空间部署太空战斗机部队,以便随时猎杀其他国家的航天器。

二、"施里弗"系列太空战演习

1."施里弗-2001"太空战演习

这绝对称得上新世纪第一惊人的消息——2001年1月22日~26日,美国空军在科罗拉多斯普林斯空军基地,秘密进行了代号为"施里弗-2001"的太空战演习。这是美国空军历史上首次太空战演习。30日,美国太空总署网站披露了这次秘密演习的惊人内幕。美国的这次演习以未来太空作战可能面临的情况为背景,动用了多种卫星系统。太空战以及由此引发的种种可能后果成了国际媒体争相报道的猛料。

(1)首次太空战演习的意图

关于"施里弗-2001"太空战演习的意图,美国空军高级军官们直言不讳地说,演习的直接目的是检查美空军航天司令部的作战指挥系统、航天系统运行状况,检测验航天系统与地面系统的配合能力,评价美太空作战的系统、战法与技法,从而提高卫星对地面战争的支援保障能力,发展太空武器,保持自己的太空战略优势;另一方面则是要通过太空战演习,展示和加强美军的太空威慑能力,让美国的潜在敌人在试图对美国卫星下手之前好好掂量掂量。

(2)"施里弗-2001"太空战演习的简要情况

"施里弗-2001"演习的背景是,2017年在东南亚地区爆发冲突,一个空间军事力量与美国势均力敌的大国在其边境地区集结,其邻国要求美国保护,战争爆发,交战的重点在空间系统,由此产生美国与该大国的太空军事对抗。

2001年美国当地时间1月22日,科罗拉多州科罗拉多斯普林斯空军基地——美国空军航天司令部太空战中心内一派繁忙的景象,一群身着制服的美国空军军官神情紧张地端坐在电脑前,随着指挥官的命令紧张地操纵

着键盘,美国空军有史以来首次以太空为主要战场的大型军事演习——"施里弗-2001"计算机模拟演习在这里拉开了序幕。

"这是2017年的某天,红方调集军力,准备进攻弱小近邻国棕方。蓝方决定展示太空军力,帮助棕方,钳制红方。次日,蓝方开始调动大量卫星监控红方行动,使红方无法发动'珍珠港式'的毁灭性闪电攻击。第三天,红方千方百计购买各种商业空间卫星服务,以反击蓝方对太空的控制。蓝方要求外国企业不要帮助红方,并表示愿意多出钱,超过红方的报价,但仍有8家外国卫星集团表示,因为有合同在先,它们无意中止与红方的合作。第四天,双方剑拔弩张,战火一触即发。红方计划向蓝方在夏威夷和阿拉斯加的军事设施发射数十枚无核弹头导弹。根据红方的计算,蓝方虽已配置了国家导弹防御系统,但却不得不倾其所有导弹来截击红方的导弹,从而使蓝方本土失去保护,没有足够导弹截击红方的第二轮袭击,但蓝方的战区导弹防御系统加强了威慑作用,还是使红方难以攻击蓝方"。

这场代号为"施里弗2001"的太空作战演习为期5天,由美国空军空间作战中心指挥,在戒备森严的科罗拉多州施里弗空军基地进行。参加演练的不仅有美国空军的专业人员,也有来自全美各地的非军事空间技术专家,共250多人。美军指挥将领称,这是美国空军首次进行太空战演练,意义极其重要,它可能成为今后一系列太空战演练的前奏。

演习假定2017年太空中武器泛滥,"敌方"在空间力量上与美国势均力敌。演习除对地面战争进行支援外,还模拟用空间武器进行太空作战。它包括作战双方空间作战系统之间的格斗,空间作战平台对战略导弹的拦截,空间武器对地球目标的攻击,以地球为基地的防天作战,以及空间作战系统和空间武器为空战、陆战、海战提供的支援保障。

演习中所用的空间力量包括军用卫星、商用卫星、反卫星武器、天基反导武器、可执行空间作战任务的载人航天器、太空轨道战斗机、地基激光武器、电磁波武器、计算机网络病毒武器、战略核导弹、载人航天器的机械臂、

太空机器人和军事宇航员、战争新闻媒体新技术以及以空间技术为基础的各种信息化作战平台和空间信息化武器等。这次演习将美国的"星球大战"从一个军事空间的作战概念变成一个实际的作战计划。

2."施里弗－2"太空战演习

美国空军空间司令部于2003年2月20日～27日,在科罗拉多州的施里弗进行了代号为"施里弗－2"的军事演习。这是继"施里弗－2001"之后的第二次太空战演习,历时8天,来自美国空军、美国陆军空间与导弹防御司令部、美国航空航天局、联邦运输部、各商业航天公司以及其他研究机构的资深将领和空间问题专家300余人参加了演习。

和"施里弗－2001"演习一样,"施里弗－2"演习的背景也假定在2017年发生一场世界范围的冲突,一个空间大国与美国爆发战争,交战的重点在空间系统。"施里弗－2"演习分为战术、战役和战略三级,重点在战略和战役水平展开。演习以圆桌讨论的形式为主,以计算机仿真为辅。作战系统采用的是美国空军研究与分析局在20世纪80年代研制的仿真模型。

"施里弗－2"演习是"施里弗－2001"演习的继续。"施里弗－2"是在"施里弗－2001"的基础上,根据布什政府提出的太空军事新战略,经过深入研究,然后通过控制和利用空间作为未来作战的威慑手段。

"施里弗－2"演习主要探讨太空战略的理论和方法,评估美国空间系统将面临的威胁,研究保护美国和盟国空间系统的措施,以及压制对手空间作战能力的办法。此次演习的目的主要有:检验"施里弗－2001"演习的得失,总结作战经验;检验空间政策和空间能力在美国未来军事中的作用及其影响;研究把太空作战能力集成到美军联合作战中去的方案,检验联合作战所必需的空中与空间支援的有效性;深入探讨在未来战争中夺取空间优势的太空关键技术及其方案,例如先进的空间通信系统和天基雷达等。

"施里弗－2"演习扩大了假想范围,增加了反恐作战的内容。在"施里弗－2001"演习之后,"9·11"事件是美国本土遭受的严重恐怖主义袭击,反

恐因此成为美国国家安全的重点。"施里弗－2"演习不仅把作战范围扩大到全球多个地区,同时也将反恐作战作为演习的一项重要内容。在东南亚和南亚地区发生的冲突中,美国必须要应付恐怖主义袭击。

3."施里弗－3"太空战演习

美军航天司令部于 2005 年 2 月 4 日～11 日,在内华达州西部的纳利斯空军基地("施里弗－2001"和"施里弗－2"演习的地点是在科罗拉多州东部的施里弗空军基地),举行了代号"施里弗－3"的第三次太空战演习。"施里弗－3"虽然只是一场"桌面"模拟演习,但是参与演习的阵容却空前庞大。参演人员来自美国各军种、国家航空航天局、情报机构、国土安全部、国务院、商务部和运输部。此外,美国的三大盟国澳大利亚、加拿大和英国也派代表参加了演习。一场模拟演习如此兴师动众,足见美国政府对于未来战争模式——太空战的重视程度。

美国著名的防务新闻记者杰里米·辛格,在"施里弗－3"演习之初对美国空军太空司令部太空战中心主任丹尼尔·达尼尔准将进行了独家专访。据丹尼尔准将介绍,五角大楼认识到卫星对于美国军事行动的关键作用后,于 2001 年起开始进行"施里弗"系列演习,此前两次主要侧重于利用卫星情报进行战略决策。而"施里弗－3"则主要关注于战术层面的行动,包括快速复原丧失能力的卫星,加快发动进攻的决策时间。

丹尼尔称,"施里弗－3"演习设定的是 2020 年全球多个地区发生冲突,包括某盟国遭邻国袭击,美军介入干涉;美军参与联合国维和行动;美国本土遭到袭击等情形。演习的"假想敌"既包括恐怖主义组织也包括某些国家。演习的一个重要科目就是如何在战术层面上恢复美国遭袭击后丧失能力的卫星。丹尼尔说,如果这类情况发生,美军会利用快速反应火箭发射小卫星,或者利用高空飞船和无人航空器来代替失去功能的卫星。

辛格在采访中还了解到,"施里弗－3"演习的另一个侧重点是,寻找战时缩短锁定目标与发动进攻之间时间间隔的办法。在这方面,丹尼尔认为,

军事小天才
Jun Shi Xiao Tian Cai

更快的决策比更快的武器系统更重要。卫星和自动化程度越来越高的情报传递系统可以确保每一个参与战争的人都获得同样的情报,不管是身在美国中央司令部作战室还是在战地前沿。这些手段将大大加速决策进程。而以空军参谋长约翰·朱帕为代表的美国空军高层近年来大力提倡空军开发"机器到机器"的界面,以实现目标锁定进程的"提速"。

据丹尼尔准将透露,美军"施里弗-2"太空战模拟演习得出的一条最重要的结论是:"美国非常依赖空间,但空间系统非常脆弱。"为此,"施里弗-3"把空间系统防护作为演习的一项重要内容。在演习中,美空军航天司令部下属的第527空间入侵中队扮演"入侵者",以寻找美军空间系统可能被敌方利用的薄弱环节,包括在组织、程序和技术方面,从而寻求在卫星失灵或其地面控制站受损后的种种应急措施。

另外,"施里弗-3"太空战演习,还首次将"临近空间"飞行器引入"施里弗"演习。"临近空间"是一个新概念,一般指距地面20~100千米的空域,也可称为亚轨道或空天过渡区。"临近空间"飞行器就是在"临近空间"飞行的飞行器,是介于飞机和航天器飞行区域之间的飞行器。"临近空间"飞行器有多种,包括平流层太阳能无人机、平流层飞艇、自由浮动气球和遥控滑翔飞行器等。

据透露,美空军已确定了"临近空间"飞行器的10个应用方向,包括在全球定位系统(GPS)系统的协助下实施跟踪、侦察和情报搜集等,并已于2005年1月开始"临近空间"飞行器的试验工作。美空军希望能在一年之内部署使用第一种这类新型飞行器,如充以氢气的自由浮动气球和远距离遥控滑翔飞行器等。除美空军外,美陆军也在发展"临近空间"飞艇。据美陆军情报参谋长史蒂文·鲍特尔中将称,像飞行在20~100千米高空的高空飞艇这类飞行器对作战士兵和实际作战很有用,陆军将利用这类飞行器执行通信中继任务。美空军认为,"临近空间"这一新的空域既不属于航天的范畴,也不属于航空的范畴,对于情报收集和监视以及通信保障很有发展前景。"临近空间"飞行器既能比卫星提供更多更精确的信息(相对于某一特定区域)并节省了使用卫星的费用,又能比通常的航空器减少遭地面敌人攻击的机会。

第三章　影响未来战争的高技术

当今世界正在迅速发展的军事变革,是与以信息技术为核心的高技术发展紧密相连的。信息技术在军事领域的广泛应用,带来了众多的智能化武器装备,使传统武器装备的作战效能成倍增长,并使各种作战兵器和作战单位联结成为一个有机的体系,从而要求军队组织结构也相应进行变革。在揭开未来战争真面目之前,我们首先要了解一下人类的最新科学技术及其发展趋势。

第一节　信息网络技术

说到网络,我们很容易想到INTERNET,即因特网。因特网的出现大大地改善了我们的沟通方式,世界突然间变小了,不管在地球什么角落发生的事情,我们都可以通过互联网来实时了解。网络以其互联、互通、共享等特点受到人们的青睐。

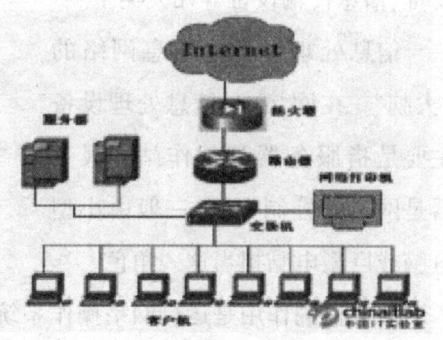

计算机网络示意图

信息网络技术是计算机技术与通信技术结合形成的技术。信息网络是由计算机网络和网络专用软件组成的。在整个信息网络系统中,计算机网络是硬件基础,是计算机软件及网络软件得以发挥作用的平台,而网络软件则是计算机发挥作用的工具。

 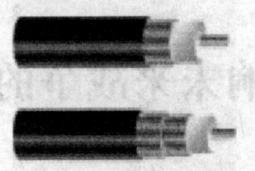 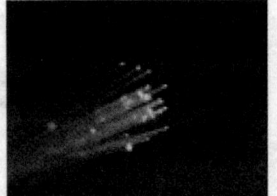

双绞线、同轴电缆、光缆

一、网络硬件技术

计算机网络,就是把分布在不同地点的电脑,通过通信线路和设备连接起来,并通过网络软件,按照网络协议进行信息传输、实施资源共享的系统。计算机网络技术可分为硬件技术和软件技术两大类,我们首先了解一下硬件技术。

信息网络设备是构成网络的基本单元。一般包括信息处理设备、信息交换设备、信息输入输出设备、信息传输设备等几大类型。

信息处理设备是信息网络的"大脑"。在网络中,信息处理设备主要是指服务器和工作站。服务器是网络的控制中心,一般由小型电脑或巨型电脑担当这一角色。

双路服务器

服务器的作用是运行网络操作系统,存储和管理网络中的共用资源,监控和管理网络中的工作站(计算机用户的个人电脑)。服务器就像人类的大脑,负责着各个信息网络系统的正常运行。

正是由于服务器在信息网路中起着类似人类大脑的核心作用,自然成为未来网络作战中黑客的攻击目标,敌对双方的黑客将通过各种手段入侵对方的服务器,达到控制对方作战网络系统或者扰乱对方作战部署的目的。

信息交换设备则是信息网络中各种信息的"中转站"。常见的信息交换设备包括:网卡、调制解调器、中继器、集线器、网桥、路由器等。由于信息交换设备的出现,世界各地的计算机才有机会彼此取得联系,才构成了我们今天的网络世界。

信息传输设备是信息网络的"血管"。它是网络信号通过的通道,实质上就是一种传输介质,包括有线介质和无线介质。

有线介质主要有双绞线、同轴电缆、光缆。用有线介质传输网络信号的优点的是,传输速度快、不易受干扰,因为信号完全在封闭的线路中传输,敌人在空中的电磁信号难以对其产生干扰,也不容易被敌人截获,因而隐蔽性比较好。缺点是受地理条件约束,由于战场环境一般都是不确定的,而且往往在崇山峻岭或者空中或者海上进行,世界还没有哪个国家有那么多钱和精力在各个角落铺上双绞线、同轴电缆、光缆等传输设备,这是非常不现实的。

无线介质包括微波、红外线和激光。用无线介质传输信号的优点是,受地理条件约束少,再偏僻的地理环境,微波、红外线和激光也能快速传播。正因为如此,在未来的战场上各个武器装备的信号传输,大部分是通过无线方式传输的。缺点是传输距离短,容易被空中的其他电磁信号干扰,在战场上的无线信号很容易被敌方截获。正因为如此,电子战、信息战将在未来战争中成为主角。

网络协议是信息网络的"交通规则"。如果把信息网络比作交通网络的话,信息传输设备就是一条条公路,在信息网络中传输的信号就好像一辆辆汽车,试想,如果没有交通法规的话,我们人类的交通系统肯定会陷入瘫痪,

军事小天才
Jun Shi Xiao Tian Cai

同样，有成万上亿条信息通过的信息网络，如果不制定相应的通信法规，整个信息网络也会变得拥堵不堪。网络协议就是信息网络的通信法规，有了网络协议，才使我们的网络变得有序高效。我们最熟悉的网络通信协议是TCP/IP协议。

未来的战场将是数字化的战场，武器装备的数字化导致作战信息也将以数字的形式进行传输，而且未来的战场作战信息更加纷繁复杂，浩如烟云，为了保证来自战场上的各个作战单元的信息能够有序高效的上传到作战指挥中心。在军事信息网络系统中，也要建立自己的网络协议。

二、网络软件技术

网络软件是在计算机网络上运行和使用的软件。选择和使用适当的网络软件能够帮助我们更好的利用网络资源，在网上获取、传输、处理我们需要的信息。Internet上常用的网络软件有网络搜索软件，如Goole搜索引擎和雅虎、搜狐、新浪等搜索引擎，还有电子邮件、新闻组和BBS、网页制作技术等。

军事信息网路系统也靠各种网络软件来保证网络快速有效的工作。现在已经应用到战争中的指挥自动化系统，得益于各种网络软件的支撑，能自动收集情报并进行整理，还能够依据情报制定准确的决策供指挥官参考。

来自战场的情报信息，源源不断的发送到指挥自动化系统的情报处理系统，把众多情报进行合理分类、储存，根据情报信息的类型和重要程度，将情报上报指挥中心，或通报相关部队，或直接输入到作战武器系统，还能根据掌握的战场情况，及时提出多种应对方案，供决策者参考。指挥员决定使用哪一种方案之后，指挥自动化系统会迅速、准确、可靠、保密的制定作战文书，并向有关部队、人员或武器下达作战命令。能够自动监控各个作战单位对上级命令的执行情况，把战场情况实时呈现给指挥员，并能够对突发事件做出迅速反应。

三、信息网络系统

早在20世纪50年代初，美国就建立了半自动地面防空系统（简称SAGE系统），该系统是经通信线路，将远距离的雷达和其他测量控制设备的信息，汇集到一台中心计算机进行处理，开创了计算机技术和通信技术相结合的先河。这种简单的"终端——通信线路——计算机"系统，形成了计算机网络的雏形。

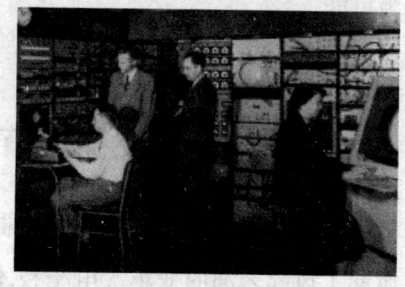

SAGE系统

20世纪60年代中期开始，出现了好几台计算机相互连接的系统，开创了"计算机——计算机"通信的时代。1969年，美国国防部为了确保国家重要的计算机系统在遭受核打击的情况下仍能正常运作，下令国防部高级研究计划局对计算机网络进行研究，导致世界上第一个计算机网络——阿帕网（ARPANET）的建立。这种网络系统类似蜘蛛网（WEB），用一个网络将分布在各地的指挥控制系统连接起来。阿帕网的建立，使得多位计算机用户同时分享一个电脑提供的信息成为现实。

20世纪70年代和80年代是计算机网络蓬勃发展的时期，在此阶段，局域网得到迅速发展，计算机的研制工作也开始向产品化和标准化方向发展。进入20世纪90年代，互联网在世界范围得到快速扩展，互联网将世界170多个国家和地区的计算机网络连为一体，从而发展成为影响十分巨

ARPANET的设计师们

大的全球性国际互联网。进入21世纪以来，以网络化为中心的信息技术已经成为经济发展的关键因素和倍增器。计算机网络朝着高速、宽带、智能、

多媒体及移动网络的趋势发展。

计算机网络技术在军事上的应用也使整个战场融为了一体,战场上的各个作战力量能够通过网络共享战场信息,从而使得一体化的联合作战成为可能。

第二节　电子技术

以信息技术为龙头的高技术群体的迅速发展与广泛应用,使人类世界掀起了风起云涌的变革。电子技术作为信息技术的基础,已经渗透到武器装备、作战指挥和后勤保障的各个方面,成为信息化战争不可或缺的基础支撑技术。

一、神通广大的电子技术

电子技术对武器装备和现代战争的影响最大。电子技术突飞猛进的发展,带动了整个高科技的腾飞,对社会生产生活和国防的各个方面产生了极大的影响。从人们日常生活中的家用电器到医疗器械,再到工作学习中应用的各种工具,几乎都离不开电子技术的影子。例如一块普通的电子表,里面竟隐含了3000多个微型晶体管。电子技术与机械的结合,产生了各种自动化机器、自动化生产线,甚至自动化工厂。

世界上第一个晶体管

电子计算机是现代科技发展的重要里程碑,而它的发展正是电子技术最广泛、最基础也是最典型的应用。电子技术的神奇功效,很多都是通过微型电子计算机和微处理器实现的。航天技术使人类

英特尔微处理器

迈出了地球,它的发展依赖于电子技术的支撑,从航天设备到精确控制再到航空通信,都离不开电子技术。现代生物技术把现代科学技术领域推到了一个新的境界,但是生物技术在取样、检测、信息贮存等方面都离不开电子技术的支撑。

总之,当今人类的众多高新技术,要么直接以电子技术为基础,要么就是在电子技术产品的支撑下得以发展。

电子技术是当今军事技术的核心技术,被广泛运用于雷达、计算机、通信设备、火控系统、电子对抗设备等军用设备上。在现代高技术战争中,电子技术正发挥着"四两拨千斤"的作用。众多笨重的铁疙瘩式的武器装备正变得小巧、灵活、精确。电子技术使武器装备系统具备了"智能",能够自动处理情况、自动寻找目标、自动控制等。电子技术就像魔术师一样,经它"点石成金"后,为武器装备插上了智能化的翅膀,从而加快了军用电子装备的数字化、多能化、高速化和自动化步伐。电子技术已经成为发展现代武器装备的主导技术。

二、未来战争的魔术师

现代战争根本上是电子技术的较量。战争的方方面面,一旦和电子技术相结合,就像魔术般插上了翅膀,在战场上表现出非凡的力量。

1. 电子技术是未来战场侦察的支撑技术

未来的战场侦察,是地面、海上和空中的立体侦察,部署在多维空间中的传感器、雷达、电子侦察飞机和侦察卫星组成的庞大的侦察体系,未来的战场侦察能够进行全方位、立体化的战场侦察。能够把战场的部队作战部属、军事活动等情况,探测得一清二楚,为战略和战役决策提供可靠的依据。

侦察卫星

侦察卫星就像安装在太空上的望远镜,能够看到几千甚至上万平方公里范围内的地面景象。侦察卫星可以全天候不间断地侦察,不受白天黑夜、阴天晴天等自然条件的限制。而且可以定期或者连续监视某一地区,并能对同一个目标进行反复侦察,在一天里收集到的战场情报信息,比谍报部门数十年里收集的情报还多。电子侦察飞机能够对战场进行大范围详细侦察,在各种雷达和传感器的配合下,战场的一举一动,战场的每一个角落都在侦察体系的密切监视之下。

这些侦察装备之所以有如此强大的功能,主要是因为它们安装了最先进的电子设备。如美国的K-12"锁眼"式照相侦察卫星,安装了红外传感器、全景扫描仪、微波成像侧视雷达,可以在300公里的高度提供全天候、全天时的照相侦察。侦察卫星由于电子装备的支持,可以随时改变轨道飞行高度和轨道平面,能尽快飞经需要侦察地区的上空执行侦察任务。

2. 电子技术是电子战的"核心"

现代电子技术在军事领域的广泛应用,使电子设备成了战争机器得以正常运转的基础。电子系统就像战争机器的灵魂,一旦遭到破坏,战争就立刻处于瘫痪状态。电子战是敌我双方在电磁领域进行的对抗活动,其作战目标直指敌对双方的电子设备。随着电子技术在军事领域的不断深入应用,电子战的范畴不断扩大,作战对象也从过去的雷达和通讯设备扩大到了各种电子系统,作战任务从破坏敌人和保护自己的情报收集能力和指挥控制能力等,扩大到了信息收集、传输和指挥决策过程。电子战一般在火力攻击之前展开,并且悄悄进行,贯穿战争始终。电子战关乎整个战争的胜负。一旦己方取得了制电磁权,敌方就会雷达失效、通信中断、武器失控,敌方的整个作战体系就陷入瘫痪状态。

以电子技术为核心的电子系统,是保证电子战得以实施的关键。如美国的EF-111A电子干扰飞机,装备着多用途的电子干扰系统,用来为机群

编队提供集体防护。还装备着本机自卫系统、红外诱饵投放设备、威胁警报系统、红外侦察系统等。光是多用途电子干扰系统，就有11部干扰发射机，采用数字式雷达警戒接收机，由微型计算机自动控制，可干扰探测到的全部雷达

EF-111A电子干扰飞机

系统。它产生的1兆瓦辐射波，可使230公里范围内的雷达受到干扰。只是这么一项装备，就包含了如此复杂的电子设备。可以说现代战争打得就是电子技术战。电子战是现代战争的核心战。

3. 电子产品是指挥自动化系统的"根基"

指挥自动化系统是信息化战争不可缺少的指挥手段。指挥自动化系统能够把战场上纷繁复杂的战场情报自动分类处理，并及时准确地进行情报分发，从而使指挥员准确掌握战场情况。指挥自动化系统还能把战场上不同的武器平台，甚至单个士兵联结起来，形成一个"一体化"的武器系统。一体化的武器装备系统能够自动交战，不需要人工的操作。

指挥员正利用指挥自动化系统进行作战指挥

未来战争将是"陆海空天电网"一体化作战，实现各个军兵种间、不同作战部队间的密切协调。不同作战单位通过通信终端和接口设备，在战场的任一时间、地点，都能接入到指挥自动化网络中。上至司令员，下至前线战士，在关键时刻都可以直接与总指挥

部通话,不需要逐级反映,大大提高了作战效率。这样复杂的指挥自动化系统,是通过无线和有线通信网络,把数以百万计的电子计算机和通信设备联结起来组成的。这所有的一切都要依靠以电子技术为基础的电子产品。

4. 电子技术是武器装备的"倍增器"

现代战争中使用的武器装备,无不依赖高技术来提高其作战效能。这些高技术兵器,没有一件不需要电子技术。作为武器装备的核心,电子技术是武器装备战斗力的"倍增器"。随着电子技术的不断深入发展,电子技术在武器装备研制成本中所占的比例越来越大,在世界第一架飞机安装的各种设备中,电子技术的成本只占

美制"爱国者"导弹发射瞬间

总成本的1%～2%,目前电子技术成本则占飞机总成本的90%以上。威震海湾战争的"爱国者"导弹,之所以能够拦截摧毁"飞毛腿"导弹,关键是电子元件和电子计算机系统在起作用。"爱国者"导弹系统采用了100万次的高速微型计算机系统、多功能相控阵雷达系统和跟踪制导系统等,在中心计算机的控制下,可以同时监视、

爱国者导弹拦截来袭导弹瞬间

跟踪100多个目标,还能够对目标进行分类和真假判断。爱国者导弹在发射前不需要精确瞄准,可以实现按目标飞行轨道的逆轨道拦截。可见,现代战争以及未来战争,主要是在打电子技术,只有配备了高级电子设备的作战一方,才有可能取胜。

第三节 智能技术

古希腊神话中,有位冶炼之神"赫菲斯托斯"。这位神灵是个瘸子,走起路来很不方便。但是他有一手高超的打铁本领,能够制造出各种活灵活现的机械器具。他曾用黄金铸造出一个聪明、美丽、勤劳的女子,帮助他做很多事情。今天,这个古老的造人传说,在智能技术的帮助下,终于被人类实现了。

一、人工智能技术悄然兴起

人工智能是计算机技术发展的高级阶段,是计算机技术与工程学、数学、生理学和心理学等众多学科相结合的学科,是以实现脑力劳动自动化为主要内容的科学,是当今世界三大尖端科学之一。机器人是这门学科的典型代表,机器人能够代替人去完成需要智力才能完成的任务。人工智能一般包括:专家系统、理解自然语言系统、危险警报系统、计划管理系统和人工智能机器人。人工智能的研究领域包括几个主要方面:

1. 专家系统

它是依靠人类各个领域的专家已有的知识,建立起来的知识库系统。目前专家系统是人工智能研究领域成效最多的领域,被广泛应用于医疗诊断、地质勘探、石油化工、军事等各个方面。专家系统,是在

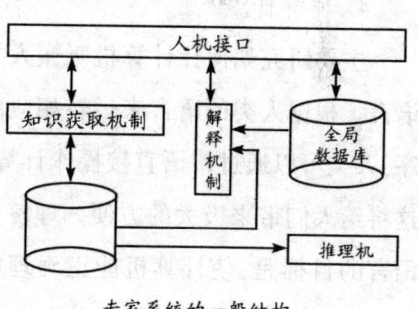

专家系统的一般结构

特定领域内的一种程序系统,这种程序系统囊括了该领域内的相关知识,能够为军队的指挥自动化系统提供智能化的辅助决策。一个结构完整的专家系统通常由六个部分组成:知识库全局数据库、推理机、知识获取机制、解释

机制和人机接口。其中知识库、全局数据库和推理机是目前大多数专家系统（或其他知识库系统）的主要内容；知识获取机制、解释机制和专门的人机接口是一个完整的专家系统应具有的三个模块。

2. 机器学习

就是使计算机拥有获取知识的能力。机器学习研究的领域，是建立在信息科学、脑科学、神经心理学、模糊数学等学科基础上的，主要研究人类大脑学习的机理、人脑思维的过程以及机器学习的方法等，并建立针对相关任务的学习系统。

3. 模式识别

主要研究如何使机器具有知觉（主要是视觉、知觉）能力，如识别物体、地形、图像、字体等。模式识别在军事上有广泛的用处。科学家在研究人脑思维活动的奥秘中得到启发，发明了人工神经网络。人工神经网络用大量的处理单元（如人工神经元、处理元件、电子元件等），来模仿人类大脑神经系统的结构，以及大脑的工作机理。模式识别技术可以使智能武器系统自动识别战场环境。

4. 理解自然语言

主要研究如何让计算机听懂人类的语言。根据人类的语言来运转相应的程序，人类可以通过口语直接操作计算机，这将给人们带来极大的方便。理解自然语言的目标是，使计算机能正确理解人类的语言，并能正确地给予答复。如果

日本机器人四川灾区小学献爱心

将来的智能武器能够理解人类的语言，我们就可以像对待一只训练有素的警犬一样，直接对智能武器下达口令，从而省去了操作键盘和鼠标的不便。

5.机器人

机器人就是一种能够模仿人类行为的机械。它已经成为一种比较成熟的产品出现在人们的生产生活中。人类对机器人的研究，经历了三个过程。第一代机器人：程序控制机器人。能根据事先编好的程序自动执行简单的任务。第二代机器人：自适应机器人。配备有相应的知觉传感器，如视觉、

地雷探测机器人正在探测地雷

听觉、触觉传感器等，能取得工作环境、工作对象等简单直接的信息。传感器获取外界信息后，经由机器人体内的计算机进行分析、处理，然后控制机器人的行动。第三代机器人：接近人类智能的计算机。这种计算机，装备了高度灵敏的传感器，这种传感器甚至超越了人类的感知能力，机器人能对感知到的信息进行分析，控制自己的行为，处理变化了的情况，完成人类交付的困难任务，而且有自我学习、归纳、总结、提高已掌握知识的能力。第三代机器人进入实际应用后，将使军用机器人驰骋于未来战场。

二、人工智能技术催生了"智能战争"

人工智能技术正被多方面地应用于军事领域，并逐步趋于"智能战"的境界。人工智能技术的运用，使军用机器人开始出现在战场。智能技术在指挥控制中的应用，也使军事指挥实现了智能化。智能化的武器装备和智能化的指挥，必然导致人工智能的直接对抗，从而使未来的战争形态由过去的近战肉搏、空中格斗等短兵相接式的体能和技能型

一辆装有机枪的英军无人地面车

战争,逐步让位于"背对背"式的智能战争。

1. 智能化的作战平台

军用机器人的实质就是作战武器平台的全自动化。军用机器人装有很多传感器,能够识别作业环境,能够根据接受的信息进行自主决策,具有人类大脑的部分功能,而且动作灵活,是人工智能技术发展的高级产物。

军用智能机器人的"生理"结构更加像人,它体中的智能计算机是"大脑",各类传感器是"眼"、"鼻"、"耳",执行任务的器件则是"手"、"脚",电路网路则是"血管"。智能化的军用机器人对自身各种信息,能仿效人类大脑,对获取的信息进行处理、积累和传递,从而确定自身的行动方案。它们能够像人一样,在复杂地形上自动选择运动姿势;能够自动感觉环境,并对传感器获取的数据进行解释,从而自动做出决定、规划任务和控制动作;能够通过专家系统来评价每一步思维的正确性。

从形状来看,军用机器人形态有很多种,有的看起来像人,有的看起来像狗或者其他动物。军用机器人可以是一个武器,如扫雷机器人、无人侦察机等;也可以是武器装备上的一个装置,如新式坦克的自动装弹机、武器装备的自动故障诊断和排除系统等。军用机器人,可以说是"超人",它们能不吃不喝地长期工作,永远不知道疲劳,而且忠于职守、任劳任怨,尤其是有的军用机器人还能感觉到放射性物质,这是人类所不能的。因而军用机器人经常被用于完成一些常人难以胜任的军事任务。

能够帮助士兵携带物资并寻找目标的军犬机器人

智能技术也被应用于智能武器作战平台的弹药上,使弹药也实现了智能化。发射弹药不用瞄准,发射后不用管,炸弹从烟囱口钻入室内攻击敌人不再是神话。对智能弹药的袭击也防不胜防，因为智能弹药能全天候、全时辰、全方位冷不防地袭击你。

2. 智能化的指挥控制系统

人工智能技术的深入发展，也导致了军事指挥控制系统智能化。

未来的指挥控制系统能够自动收集战场情况，对情报信息自动进行处理、分析、判断，并且将有用的信息第一时间上报指挥中心，通报有关部队；也可以直接把有用信息输入作战武器系统；也可以同时完成上述所有工作。根据战场情况，能够及时提出多种预案，供指挥员参考。指挥员下定决心后，能够自动地准确下达命令给战场的相关作战单元。

智能化的作战指挥中心

智能化的指挥控制系统还能够进行各种作战模拟，把敌我双方对抗时可能遇到的所有因素，包括地形、人数、天气、武器性能等因素，事先编入计算机程序，用计算机语言描述战斗程序，然后用计算机进行处理。计算机在很短的时间内就能把作战情景模拟出来，而且可以预测结果，实现了"先算后胜"。作战模拟产生的数据和结果可以作为指挥者决策的依据。

3. 未来战场的智能较量

智能化武器和智能化指挥控制系统的广泛应用，必然导致智能化的较量。随着智能技术在军事领域的广泛应用，人工智能对抗将是未来战场的主要作战样式。

由于智能化武器和智能化指挥控制系统的核心设备是计算机网络，智能较量也主要体现在计算机网络的攻防对抗上。利用各种手段，对敌方计算机系统进行攻击，并保持己方计算机系统的有效工作，这是智能的直接碰撞。未来计算机网络对抗的方式分为计算机网络干扰和计算机网络摧毁。计算机网络干扰是利用专用计算机干扰设备,对敌方计算机系统实施破坏、瘫痪、扰乱等活动。计算机网络摧毁,是利用智能化武器装备对计算机网络辐射出电磁波信号,摧毁和杀伤计算机网络系统中的各种设施。

第四节　精确制导技术

"精确"就是十分准确,即命中精度很高,通常指直接命中率大于50%。"制导"就是对导弹或精确制导弹药进行引导和控制,调整其运动轨迹(如飞行方向、姿势、高度和速度),直至以允许误差命中目标。精确制导技术是精确制导武器的基础,是打赢未来战争所依赖的一项关键技术。按照制导信息的来源,精确制导技术可分为自主制导技术、寻的制导技术、遥控制导技术等。

中国新型红鸟巡航导弹海上巡航飞行

制导系统主要由导引系统和控制系统两部分组成。导引系统一般包括探测设备和计算机变换设备,其功能是测量导弹和制导弹药与目标的相对位置和速度,计算出实际飞行弹道与理论弹道的偏差,给出消除偏差的指令。控制系统则是由敏感设备、综合设备、放大变换设备和执行机构(伺服机构)组成。其功能是根据导引系统给出的制导指令和导弹、制导弹药的姿态参数形成综合控制信号,再由执行机构调整控制导弹、制导弹药的运动或姿态直至命中目标。目前,人们根据不同的信息源研制出了许多不同制导方式,概括起来主要有六种。

一、自主制导技术

自主制导就是导弹自己控制自己,在飞行中不依赖于制导控制站,由安装在导弹中的制导装置,按照预先输入的程序控制其飞行轨迹,保证导弹命中目标。自主制导主要用于弹道导弹①和巡航导弹②,攻击固定目标。自主制导的特点是,把飞行轨迹和目标信息直接输入到导弹体内的计算机装置中,发射后不与目标和制导控制站发生联系,因而具有很好的抗干扰能力和隐蔽性。但是也有一定的缺点,主要是发射后无法改变轨道,打击精度随飞行时间的增加而降低。自主制导技术分为惯性制导技术、地形匹配制导技术、卫星定位制导技术。

1. 惯性制导技术

导弹身上安装有非常灵敏的惯性元件,这种元件能够测量导弹的运动参数,参数源源不断地被输入到导弹中的导航计算机中,经过导航计算机运算得出导弹的位置信息,即弹体速度信息、飞行方向

东风-21A型惯性制导导弹

信息、弹体姿态信息。这些信息会不断地与发射前输入的弹道数据相比较,如果有误差,导航计算机就会自动调整参数,并发送指令给导弹的执行机构,来调整导弹的飞行路线,使导弹的飞行轨迹始终与预先输入的弹道数据相一致,从而保证导弹准确地飞向目标。

2. 地形匹配制导技术

巡航导弹多采用这种制导方式。采用地形匹配制导时,必须在导弹发射前,通过卫星或者侦察飞机,侦察出导弹计划飞行路线的地形地貌,并绘制出体现地形高度变化的数字地图,数字地图会被输入到导弹中的制导计

---

① 在初始阶段有动力装置推进和制导系统控制,在预定轨道飞行,到达一定速度后,便沿自由落体轨迹飞行的导弹。

② 在大气层内飞行,大部分运行轨迹近乎匀速、等高的导弹。

算机内,作为匹配的基准。导弹发射后,按照惯性飞行,每当飞到匹配区(地形变化区)上空时,导弹上的雷达高度表和气压高度表同时工作,测出该地区的地形高度,并输入到导弹上的计算机内,计算机把实际测到的数据与预先输入的位置信息相比较,如果有差距,制导计算机就会发出纠正指令,使导弹朝着计划的飞行路线航行。经过几次在匹配区的修正,使导弹最终命中目标。地形匹配制导与惯性制导配合,可大大减小惯性制导的误差,这样导弹就会像长着眼睛似地迂回起伏,准确地飞向预定目标。

3. 卫星定位制导

卫星定位制导,也称"GPS"制导。"GPS"制导的原理是:制导武器(如巡航导弹)上的GPS接收机,接收到定位卫星发射的导航信号,导弹上的制导计算机根据卫星的位置及时侦查信息,计算出导弹的空间位置,并与预先制定好的位置信息比较,从而

美国制造的GPS制导JASSM联合空地防区外导弹

形成制导指令,控制导弹准确飞向目标。这种制导方式的优点是,全天候全天时工作,而且导弹上的制导设备相对简便。

二、寻的制导技术

寻的制导,就是依靠导弹身上的信号接收设备,接收敌方目标辐射或反射的能量(如红外辐射、光辐射、无线电波、声波等),来确定目标位置或运动特性,自动控制导弹准确飞向目标。"寻的"就是寻找目标的意思。

霹雳-8红外寻的制导导弹

具体讲,寻的制导就是借助安装在导弹头部的导引头接收目标辐射或反辐射的电磁波来测定出目标的空间坐标,然后由制导计算机向导弹的执行机构发出指令,控制导弹飞向并命中目标的一种制导方式。

寻的制导的导弹具有自动探测、跟踪、瞄准和拦截目标的能力。按照导弹头部接收信号的导引头所敏感的目标的物理特性,寻的制导分为雷达寻的、红外寻的、激光寻的等多种类型。另外,根据导引头所敏感的目标辐射源的位置,寻的制导又可分为主动寻的制导、半自动寻的制导和被动寻的制导。寻的制导的最大特点是精度非常高,但是它的作用距离比较近,识别敌我能力比较差。

1. 主动寻的制导技术

采用主动寻的制导技术的导弹在作战时,首先由导弹头部的导引头向打击目标发射信号(雷达、红外线、激光等),然后导引头再接收来自目标的反射信号,反射信号经过制导计算机处理后,就形成了制导指令,从而控制导弹准确的飞向目标。法国的 SA-90 地空导弹和美国的"不死鸟"空空导弹就是采用主动雷达寻的制导方式。

2. 半自动寻的制导技术

半自动寻的制导与主动寻的制导的主要不同是,向打击目标进行的信号发射来自发射站,而不是来自导弹本身的导引头。半自动寻的制导的过程是这样的:首先由导弹外的平台向打击目标发

"雷霆2"激光半自动寻的制导爆破炸弹

射信号,导弹上的导引头就会接收来自目标的反射信号,其他工作流程与主动寻的制导相同。

3. 被动寻的制导技术

该技术不必向目标发射任何信号,导弹

军事小天才
Jun Shi Xiao Tian Cai

上的导引头接收来自打击目标自身辐射的微弱信号，经过放大处理后形成制导指令，控制导弹飞向目标，导弹依靠感受目标自身的能量(比如飞机发动机的热辐射)，自动跟踪并攻击目标。美国的"响尾蛇"空对空导弹，就是采用被动红外寻的制导方式，而"哈姆"反雷达导弹则是属于被动雷达寻的制导。

响尾蛇导弹

三、遥控制导技术

遥控制导技术与寻的制导的不同在于，导弹的导引头安装在导弹之外，即与导弹分离。遥控制导技术，从字面理解，就是作战人员用一种"遥控器"来控制导弹飞行轨迹的制导方法。这种"遥控器"就是设立在地面、海上或者飞机上的一

采用有线遥控制导的远程鱼雷

个指令站。指令站是专门向导弹发送命令的控制站，指令站可以测定打击目标和导弹的相对位置，然后向导弹发出向目标方向飞行的命令。当目标位置发生改变时，指令站会重新向导弹发出命令，保证导弹准确飞向目标。

遥控制导方式适合攻击运动目标，在地空导弹、空地导弹、空空导弹、反坦克导弹上使用较多。这种制导技术，必须在导弹外建立指令(制导)站，特点是导弹受制于指令站，弹道随打击目标的运动而改变，适合攻击运动中的打击目标。指令站能够同时跟踪打击目标和导弹，经测量处理后适时向导弹发出命令。导弹上的接收器接收到命令后，经过导弹计算机解码，然后导弹按照制导站的命令飞向目标。比如目视瞄准、手控有线遥控制导：在导弹发射后，操控人员通过瞄准镜，时时观察目标和导弹的相对位置，并不断地

操纵控制盒,把控制命令通过导线传送给导弹(导弹是通过导线与控制盒相连的),导弹接收器以收到的制导命令为依据,操纵执行机构改变导弹的飞行轨道,使其飞向目标。

控制站(制导站)可设于地面、海上或空中,其主要功能是:跟踪目标和导弹,测量它们的运动参数,形成制导命令或控制导引波。遥控制导系统主要由跟踪测量装置、制导命令计算机装置、遥控传输装置和控制执行装置4个部分组成。遥控制导的优点是设备简单,在一定范围之内可获得较高的制导精度;缺点是精度随射程增加而降低,比较容易受干扰,作用距离近。

第五节 航天技术

古希腊时,有一个荒淫的克里特国王,囚禁了建筑师代达罗斯和他的儿子爱琴。建筑师用石蜡制作成一对翅膀,由儿子操控,建筑师和儿子一起飞出了克里斯特岛。建筑师的儿子展翅高飞,结果飞得离太阳太近,石蜡制成的翅膀被太阳融化,不幸落入大海。后人为了纪念他,把他葬身的大海取名爱琴海。可见,造访太空是人类的千古梦想。如今在航天技术的帮助下,人类制造出了各种航天器,如宇宙飞船、航天飞机等,遨游太空的梦想终于成为现实。目前,世界各国共发射各类航天器数千个,其中军用卫星占70%以上。这大大提高了现代军队的组织指挥能力,而且开辟了太空战场。航天技术对赢得未来战争的胜利至关重要,以致很多军事家断言:谁想控制地球,谁就得控制太空。

爱琴坠海

一、航天技术的三大领域

在未来战争中,航天技术是争夺外层空间的综合性技术。航天技术主要有三大研究领域:运载火箭技术领域、航天器技术领域和跟踪测控技术领域。这三大技术研究领域构成了航天技术的基础。

1. 运载火箭技术领域

运载火箭是航天器升空的运输工具,它的作用是把各类航天器、武器和物资等运送到太空。运载火箭一般由2级到4级火箭组成,最下面的一级称为第一级,最上面一级称为末级。运载火箭的总重量可达数百吨,高度达数十米。火箭的燃料一般是具有很高燃烧值的液态氢燃料,发动机的推动力

搭载飞船的长征运载火箭进入发射塔

达数百吨乃至数千吨。运载火箭每一级都有自己的箭体结构和动力装置,控制系统则通常为几级共用。航天器被放在末级火箭的前端。早期的运载火箭大多由弹道导弹改造而成,后来为了适应不同航天发射任务的需要,专门研制了系列化的运载火箭。目前的运载火箭需要专门的发射场发射,比如我们国家的酒泉、西昌等火箭发射场。运载火箭只能使用一次,成本很高。未来运载火箭技术要向可返回地面、能重复使用的方向发展。

2. 航天器技术领域

航天器是指在大气层以外的空间飞行的一种飞行器,用以执行探索、开发等任务。世界上第一个航天器是苏联在1957年10月4日发射的"人造地球卫星1号"。到2002年底,世界各国共发射了近5000个航天器,其中军用航天器占三分之二。大量军用航天器的使用以及太空武器的研制成功,使"天军"的建立成为可能,也催生了"太空战"的产生,这必然给军事领域带来重大影响。航天器分为无人航天器和载人航天器。

（1）无人航天器。包括人造地球卫星、空间平台和空间探测器

人造地球卫星是指在空间轨道上环绕地球运行的无人航天器，是人类目前发射数量最多、用途最广的一种航天器，发射数量占航天器发射总数的90%以上。卫星中的很大一部分是军用或者军民两用的。军用卫星分为军事侦察卫星、军事气象卫星、军事导航卫星、军事测绘卫星、军事通信卫星以及"反卫星"卫星等。军用卫星的大量使用给现代战争带来了巨大的影响。在未来战争中，军用卫星可作为一种发射平台，与激光武器、定向能武器等新式武器一起构成"天战"的武器装备系统，成为争夺太空的主要武器。

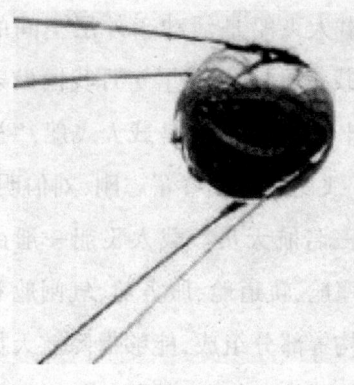

人造地球卫星1号

人造地球卫星

空间平台是无人航天器的新品种，它可以在轨道上进行维修、更换仪器，还可以加注燃料、补给消耗品，并且能够收回。空间平台的出现可以大大减少卫星的发射成本。

空间探测器按照探测的目标可分为：月球探测器和星际探测器。美国1972年发射的"先驱者"10号探测器，已经在1986年10月越过冥王星的轨道，成为飞出太阳系的第一颗航天器。空间探测技术对于发现潜在的敌方军事目标具有重要的意义。

（2）载人航天器，按照功能分为载人飞船、空间站和航天飞机

军事小天才
Jun Shi Xiao Tian Cai

未来的战争与战法

载人飞船是活动于外层空间的一种运载工具。2008年9月我国发射的"神州七号"飞船就是载人飞船，"神州七号"飞船里承载着翟志刚、刘伯明、景海鹏三名航天员。载人飞船一般由航天员座舱、轨道舱、服务舱、气闸舱和对接机构等部分组成，能够保障航天员在太空执行航天任务，并能使航天员乘坐的座舱返回地面。载人飞船除了用作太空实验平台外，还可以作为航天运输平台和武器平台。

空间站是长时间在太空运行的飞行器，在太空逗留时间可长达数十年之久。空间站就像人类在太空建立的实验室和工作站，具备供航天员实验、生产、生活的设备条件。空间站可以与航天飞机或载人飞船对接，使航天飞机和飞船能把物资运送到空间站，从而保证航天员可以长年累月地生活在太空站里。空间站，使航天活动由太空探索转向太空的利用开发，也可以作为安放太空武器的军事基地。

3. 跟踪测控技术领域

该技术领域主要研究如何跟踪测量航

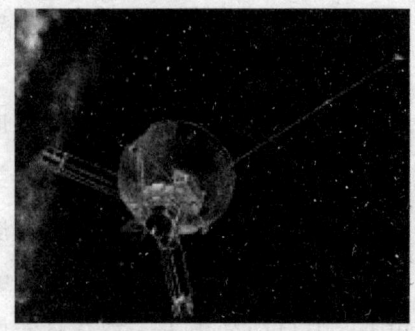

"先驱者"10号探测器

神州七号航天员出舱放飞小卫星

宇宙空间站

天器的飞行状态，并控制航天器的运行和工作状态。对航天器的跟踪和测控任务由航天测控中心和若干航天测控站或测控船组成的测控网完成。如我国的"神州七号"从发射升空到进入轨道运行再到降落，都是由酒泉卫星测控中心和西昌卫星

远望-6号航天测量船

测控中心以及多只在大海中游动的测量船共同完成的。测控网通过对航天器跟踪测量、监视、检测和控制航天器上各种设备的工作状态，接收来自航天器的通信信号，与航天员进行通信联络，从而保证航天器按照预定的方式飞行、工作和着陆。

二、航天技术在军事领域的应用

1960年，美国首次成功回收世界上第一颗军事卫星"发现者13号"侦察卫星，标志着军事航天的开始。随着军事航天技术的快速发展，其应用领域也越来越广泛，在未来战场上，军事航天技术一定会大大改变战争的面貌。军事航天技术将在以下几个方面大显身手：

1. 太空监视

太空监视是指利用航天器上的侦察探视设备，对地面军事目标进行监视、拍照，从而获得战场情报，为陆海空作战提供情报保障。太空监视运行轨道高、速度快、监视范围大，而且不受国界、地理条件限制，可定时、重复监视某个地区。这些优点使太空监视获得其他侦察手段难以获得的情报。

天基太空监视

2. 太空支援

太空支援是利用军事航天器对陆海空天军事力量进行支援,以增加军事力量的战斗力。支援种类包括:导航定位、气象观测、卫星通信、军事测绘等等。未来的战争将是陆、海、空、天、电、网五维一体的作战,任何作战行动都离不开来自太空的支援。

3. 太空作战

太空作战是指利用军用航天器作为武器发射平台,攻击敌人的太空武器或来袭武器;也指利用航天器上的定向能武器、激光武器等武器系统,攻击、摧毁敌方陆地、海洋和空中目标。太空战场是未来夺取制天权的关键战场。

宇航员正在对空间站进行维修

4. 太空装备后勤保障

太空装备后勤保障是指航天工作人员乘坐着航天飞机或飞船等太空运输器,对外层空间运行的航天器实施检测、维修、更换仪器以及补充物资等活动。太空装备后勤保障是各类航天器能够有效运行的基础,是保持己方太空作战能力的重要手段。

第六节　新材料技术

一、人类文明大厦的基石——材料

材料是人类赖以生存的物质基础。人类社会不断地发展进步,就在于人类能够利用材料制造工具并用来改造世界。恩格斯说:"自然界为劳动提供材料,劳动把材料变为财富。"可以说,材料与人类的生存和进化息息相

关,因此它被誉为"人类文明大厦的基石"。

对于材料,人们比较好理解,如普通钢铁、水泥、玻璃等,这些属于传统材料。相对于传统材料而言,新材料,又称先进材料(Advanced Materials),是指最近研究成功的或正在研制中的具有优异特性和功能,能满足高技术需求的新型材料。

人类历史的发展表明,材料是社会发展的物质基础和先导,而新材料则是社会进步的里程碑。材料技术一直是世界各国科技发展规划中一个十分重要的领域,它与信息技术、生物技术、能源技术一起,被公认为是当今社会及今后相当长时间内总揽人类全局的高技术。材料高技术还是支撑当今人类文明的现代工业关键技术,也是一个国家国防力量最重要的物质基础。国防工业往往是新材料技术成果的优先使用者。新材料技术的研究和开发对国防工业和武器装备的发展起着决定性的作用。

新材料既是科技发展的基础,又是科技进步的先导,这是新材料的两个显著特点。比如,半导体材料的发现和发展极大地推动了计算机技术的进步,使人类进入了信息时代;光纤技术的发展推动了现代通信技术的进步;新型结构材料和烧蚀防热材料的出现推动了航天技术和战略武器的发展。

在美国国防部制订的面向21世纪的国防科技战略规划体系中,把材料与制备工艺技术定为4个优先发展的领域之一,提出优先发展结构与多功能材料技术、能量与动力材料技术、光电子材料技术、有机与合成功能材料技术、生物衍生与生物诱发材料技术等五大重点。德国分析了世界高技术发展态势,提出21世纪的9大重点领域,首选就是新材料,在总共研发的80个课题中,有关新材料的占到24个。

毫无疑问,新材料已成为综合国力竞争的重要领域和国防力量的重要物质基础,是提高军队机械化水平的物质支撑和提高信息化程度的基础条件。因此,许多国家都将开发新材料置于优先发展的重点项目,特别是对军

用新材料技术的发展给予了高度重视。

二、形形色色的新材料

当前新材料的发展重点是具有优异性能的结构材料和具有特异功能的功能材料,主要包括先进复合材料、特种金属材料、特殊高分子材料、生物医用材料及隐形材料等。

1. 先进复合材料

先进复合材料是指两种以上不同性质的材料组合形成的一种高级材料。先进复合材料是结构材料的主要发展方向。这种材料的特点是强度大、比重小、具有良好的气动弹性性能,并且能大批量生产。复合材料已经在航空航天工业以及各种武器装备上得到了广泛应用。先进复合材料已成功地应用在F-16、F-18、"幻影"2000等军用飞机,"民兵"、"三叉戟"、"侏儒"等战略导弹,以及M-1、T-72、"豹"-Ⅱ等坦克上,并取得了良好的效果。

例如美国的AV-8B垂直起降机采用这种材料后,重量减轻了27%,F-18战斗机减轻了10%,从而大大地提高了飞机的机动性能。采用复合材料制成的现代舰船,自重大大减轻,航速也有很大的提高,海上机动作战能力更强。20世纪70年代英国人研制出"乔姆"复合装甲,并在新一代坦克上应用。这种装甲共有3层,外层和内层为钢、铝合金或铁合金等金属材料,中间层为塑料、陶瓷、玻璃纤维等非金属材料。其防破甲弹和碎甲弹的能力,明显优于传统的均质装甲。

为进一步推动复合材料在武器装备上的应用,美国正在实施"先进设计复合材料飞机"计划,预计复合材料将占飞机结构质量的68.5%,并使整个结构质量减轻35%。

2. 特种金属材料

特种金属材料的代表是钛合金、形状记忆合金和贮氢金属,它们都有自

己特殊的本领。

(1) 钛合金

这种合金密度低、强度高,并具有优良的抗腐蚀性能和耐高温性能,是一种理想的轻质结构材料。钛合金在航空工业中的应用主要是制作飞机的机身结构件、起落架、支撑梁、发动机压气机盘、叶片和接头等。20世纪70年代以来,钛合金在军用飞机和发动机中的用量迅速增加,从战斗机扩大到军用大型轰炸机和运输机。它在F-14和F-15战斗机上的用量占结构重量的25%,在F-100和TF-39战斗机发动机上的用量分别达到25%和33%。80年代以后,钛合金材料和工艺技术进一步发展,一架B-1B飞机需要90402公斤钛合金材料。同时钛合金也越来越受到陆军的青睐。陆军自行火炮、装甲车等重装备的轻量化可以大大提高机动性能。是武器发展的必然趋势。在保证武器机动性能与防护性能的前提下,钛合金在陆军武器上有着广泛的应用。例如155火炮制退器采用钛合金后不仅可以减轻重量,还可以减少火炮身管因重力引起的变形,有效地提高了射击精度;在主战坦克、直升机及反坦克多用途导弹上的一些形状复杂的构件可用钛合金制造,这既能满足产品的性能要求又可减少部件的加工费用。

(2) 形状记忆合金

1932年,瑞典人奥兰德在金镉合金中首次观察到"记忆"效应,即合金的形状被改变之后,一旦加热到一定的跃变温度时,它又可以魔术般地变回到原来的形状,人们把具有这种特殊功能的合金称为形状记忆合金。记忆合金的开发迄今不过20余年,但由于其在各领域的特效应用,却广为世人瞩目,被誉为"神奇的功能材料"。

形状记忆合金可以分为三种:一是单程记忆合金,这种合金在较低的温度下变形,加热后可恢复变形前的形状,这种只在加热过程中存在的形状记忆现象称为单程记忆效应。二是双程记忆合金,这种合金在低温时变形,一经加热就会恢复到高温时的形状,一经冷却又能恢复到低温时的形状,这种在加热和降温过程中存在的形状记忆现象称为双程记忆效应。三是全程记忆金属,这种合金在加热时能恢复到高温时的形状,冷却时则变为取向相反形状相同的低温时的形状,这种效应称为全程记忆效应。

形状记忆合金已应用到航空和太空装置。如用在军用飞机的液压系统中的低温配合连接件,欧洲和美国正在研制用于直升飞机的智能水平旋翼中的形状记忆合金材料。由于直升飞机高震动和高噪声使用受到限制,其噪声和震动的来源主要是叶片涡流干扰,以及叶片型线的微小偏差。这就需要一种平衡叶片螺距的装置,使各叶片能精确地在同一平面旋转。目前已开发出一种叶片的轨迹控制器,它是用一个小的双管形状记忆合金驱动器控制叶片边缘轨迹上的小翼片的位置,使其震动降到最低。

科学家还将记忆合金用于制作空中飞机加油接口,在空中加油机与作战飞机加油管道连接好后,再进行电加热改变温度,可使接口处记忆合金变形,从而使接口紧密滴油不漏。

记忆合金在航空航天领域内的应用有很多成功的范例。宇宙空间站上有面积达几百平米的自展天线。这种天线如果不经过"缩小变形",是不可能通过现有航天器送上太空的。有了记忆合金,问题就迎刃而解了。人类利用记忆合金,先在地面上制成大面积的抛物线形或平面天线,然后折叠成一团,用飞船带到太空,天线受到太阳照射,温度发生变化,折叠的天线因具有"记忆"功能而自然展开,恢复抛物面形状。

(3)贮氢金属

关于氢气的化学常识可能你已经知道了很多,氢能够燃烧,是一种高热值的燃料,燃烧1公斤氢可放出143283200焦耳的热量,常规燃料中还没有哪一种可以与它相比呢!而且在燃烧过程中,氢与氧结合生成水,水对环境不会造成任何污染。所以,可以说氢是最洁净的燃料。

制取氢的方法很多,例如电解水,但是这要消耗大量能源。在一般情况下,用电解水法制取氢作燃料是不合算的。于是科学家又在研究更经济的制氢方法,其中,比较引人注目的一种研制方法叫光分解法。太阳光是一种取之不尽的天然能源,利用太阳光分解海水,这大概是我们寻找无污染能源最有希望的方法。但是,新的问题也随之出现了。

现在一般都用一种钢制的耐高压容器——氢气瓶来贮存氢气。瓶里的氢气即使加到150个大气压,所装氢气的重量也不到气瓶重量的1/100,而且还有爆炸的危险。显然,这种贮存方法对于在工业上和生活上大量使用氢气是不合适的。正当人们为解决氢气的贮存问题而苦苦思索之时,金属材料的最新研究成果给我们带来了希望。

科学家发现,有些金属具有捕捉氢的能力,这类金属叫做"贮氢"金属。它们在一定的温度和比平衡分解压高的压力下能够大量吸收氢气,一个金属原子可以与两三个乃至更多个氢原子结合,形成金属氢化物。当我们把这种金属氢化物加热时,它又会发生分解而放出氢气。从理论上讲,相当于氢气瓶重量1/3的某些金属,就能"吸收"与氢气瓶贮氢容量相当的氢气,而它的体积却不到氢气瓶体积的1/10。具有贮氢能力的金属和合金已经发现不少,其中接近实用化的有钛铁合金镧镍合金和镁镍合金。

贮氢的办法找到了,氢作为燃料的应用也会更加广泛。若用氢代替汽油作燃料,可以在各种内燃机中使用,而且不需要对现在的内燃机作多大改动即可,甚至还能提高效率40%呢!

由于用贮氢金属来供应氢气具备了氢气纯度高、储氢密度高、安全性好和寿命长的特有优势,贮氢金属很快在军事领域受到了青睐。例如,在兵器工业中,坦克车辆使用的铅酸蓄电池因容量低、自放电率高而需经常充电,此时维护和搬运十分不便。放电输出功率容易受电池寿命、充电状态和温度的影响,在寒冷的气候条件下,坦克车辆起动速度会显著减慢,甚至不能

起动,这样就会影响坦克的作战能力。贮氢合金蓄电池具有能量密度高、耐过充、抗震、低温性能好、寿命长等优点,在未来主战坦克蓄电池发展过程中将具有广阔的应用前景。如果用贮氢金属来作为作战飞机的燃料时,可以大大提高飞机的有效载荷、航速和航程,而且可以减少噪音,增加作战飞机的隐蔽性。

(4)超导材料

1911年,荷兰物理学家昂尼斯(1853年~1926年)发现,水银的电阻率并不像预料的那样随温度降低逐渐减小,而是当温度降到一定值时,水银的电阻突然降到零。某些金属、合金和化合物,在温度降到绝对零度附近某一特定温度时,它们的电阻率突然减小到无法测量的现象叫做超导现象,能够发生超导现象的物质叫做超导体。超导体由正常态转变为超导态的温度称为这种物质的转变温度(或临界温度)。现已发现大多数金属元素以及数以千计的合金、化合物都在不同条件下显示出超导性。

超导材料和常规导电材料的性能有很大的不同。一是零电阻性:超导材料处于超导态时电阻为零,能够无损耗地向千里之外传输电能。如果用磁场在超导环中引发感生电流,这一电流可以毫不衰减地维持下去。这种"持续电流"已多次在实验中被观察到。二是完全抗磁性:超导材料处于超导态时,只要外加磁场不超过一定值,磁力线就不能透入,超导材料内的磁场恒为零。三是约瑟夫森效应:两超导材料之间加一薄薄绝缘层(厚度约1纳米),形成低电阻,会有电子对穿过绝缘层形成电流,而绝缘层两侧没有电压,即绝缘层也成了超导体。当电流超过一定值后,绝缘层两侧出现电压U,同时,直流电流变成高频交流电,并向外辐射电磁波。以上三种特性促使超导材料成为各国投入大量人力、物力进行研究的功能材料,并极力将其用于军事目的。

超导技术在海军舰艇上的应用。美、英、日等国自20世纪70年代以来

就开展了超导技术在海军舰艇方面应用的研究,并已初见成效。现在国际上已有3艘超导电磁推进船试验成功。超导电磁力推进装置是按照电磁原理设计的,在舰艇上安装电磁铁,在磁场和电流的相互作用下,海水向后运动。在海水的反作用力下,舰艇将获得向前的推力。超导舰艇既不需要发动机,也不需螺旋桨,能有效地消除噪音、降低红外辐射,从而大大提高海军舰艇的生存能力和快速机动能力和突防能力。

超导技术在作战飞机上的应用。大功率、小体积的发动机是提高作战飞机作战性能的关键因素。随着超导技术的不断突破,为大容量、小型化磁流体发电机的研制提供了条件。一旦超导发电机实用化之后,就可以为空中指挥所和预飞机中的大型雷达、大型计算机、各种通信设备等非常耗电的装备提供高效的动力。

超导技术在军事侦察、通信、电子对抗和指挥等方面的应用。利用超导材料"约瑟夫森效应"制成的仪器设备,具有灵敏度高、噪声低、响应速度快和能耗小等特点,在军事侦察、通信、电子对抗和指挥等方面,都大有用武之地。

军事超导有线电通信,利用超导电线可以实现远距离、大容量通信。研究试验表明,超导电线传输信息的速度,比光纤系统快得多,可以传输几万亿分之一秒的脉冲。科学家们预言,未来高超导的远距离通信的容量将比光缆大几百倍,能够每秒传输相当于1000部大英百科全书的信息量。同时,超导电线因为无损耗,可以省去每3~4千米就要设置的放大器。

军用超导无线电通信,利用超导材料制作无线电发射机和接收机,不仅灵敏度高、带宽宽,而且可减小天线的尺寸和重量,提高系统的生存能力。英国伯明翰大学制成的世界上第一台超导无线电发射机,其发射距离与常规发射机相比增大10倍。超导材料也是制造通信卫星的理想材料,它可以提高信息处理速度,并可使频率响应时间缩短一半。利用超导材料制造卫星天线,其效率可提高90%。

军事指挥自动系统需要高速地处理大量信息。采用具有零电阻特性的超导材料制作计算机,由于功耗减小,电路产生的热量可以忽略不计,运算速度大大提高,而且体积和重量可大幅减小。日本富士通公司研制成功的4位超导微处理机,与采用砷化镓技术的同类处理机相比,速度快10倍,功耗只有后者的1/500。据称,若采用超导材料制作计算机,目前的亿次巨型计算机可制成只有微型个人计算机那么大。这种微型高速计算机的应用,必将大大提高军事指挥效率,同时也可提高武器制导系统的性能。

利用超导技术的探测器件,由于对磁场和电磁辐射极其敏感,其灵敏度比常规探测器件高上千倍,是军事遥感侦察的理想设备。正在研制的主要有天基凝视红外焦面阵列探测器、微波和毫米波探测器、磁探测器等。超导探测器不仅尺寸小、重量轻、作用距离远、探测灵敏度高,而且具备一般可见光和红外探测系统所不具备的全天候以及穿透烟云的探测能力,并能提供对低特征目标的探测能力,可广泛应用于航天器的相控阵天线、反潜武器和水雷探测。

据悉,新一代超导雷达也正在研制之中。其天线、发射机、收信机、稳频源、信号模拟器、滤波器等电子器件全部是采用高超导材料制作而成的,具有低功耗、低噪声、宽频带、高灵敏度、高可靠性以及体积小、重量轻等优点。用于雷达系统的超导电子器件,可使雷达频谱扩展166倍,作用距离提高一个数量级,而且可探测到微弱的信号。

3. 特种高分子材料

高分子材料是由相对分子质量较高的化合物构成的材料。我们接触的很多天然材料通常是高分子材料组成的,如天然橡胶、棉花、人体器官等。人工合成的化学纤维、塑料和橡胶等也是如此。

军用高分子水壶

高分子是生命存在的形式。所有的生命体都可以看做是高分子的集合。树枝、兽皮、稻草等天然高分子材料是人类最先使用的材料。在历史的长河中,纸、树胶、丝绸等从天然高分子加工而来的产品,一直同人类文明的发展交织在一起。

从19世纪开始,人类开始使用改造过的天然高分子材料。火化橡胶和硝化纤维塑料(赛璐珞)是两个典型的例子。进入20世纪之后,高分子材料进入了大发展阶段。20世纪20年代末,聚氯乙烯开始大规模使用。20世纪30年代初,聚苯乙烯开始大规模生产。20世纪30年代末,尼龙开始生产。在经历了20世纪的大发展之后高分子材料对整个世界的面貌产生了重要的影响。《时代》杂志认为塑料是20世纪人类最重要的发明。高分子材料在文化领域和人类的生活方式方面也产生了重要的影响。按用途一般将通用高分子材料分为五类,即塑料、橡胶、纤维、涂料和黏合剂。

除了在人们日常生活中发挥重要作用外,高分子材料还在军事上有着广泛的应用,其在军事装备中的用量仅次于钢铁材料。在单兵防护装备方面,最典型的应用方式是以纤维形态应用于军人平时和战时使用的各种纤维制品(如军服、帐篷),以橡胶和塑料形态应用于鞋靴、防水抗冲结构层、救生浮力材料、承载件、连接件等方面。重型武器装备方面,能够代替高强度合金用于制造军用飞机、坦克等重装备,大大减轻武器的重量。具有强大黏合功能的高分子材料还可以广泛应用于黏结兵器部件,尤其是非金属比例较大的火箭导弹部件。

4. 生物医用材料

生物医用材料是用于修补或替换人体有病器官,以恢复人体机能而发展起来的一类材料。生物医用材料是研究人工器官和医疗器械的基础,已成为材料学科的重要分支。尤其是随着生物技术的蓬勃发展和重大突破,生物材料已成为各国科学家竞相进行研究和开发的热点。当代生物材料已处于实现重大突破的边缘。不远的将来,科学家有可能借助于生物材料设计和制造整个人体器官,可以预见在未来的战场上,被弹片炸伤的众多士兵,能够通过生物医用材料很快恢复健康,迅速重新加入战斗。

5. 隐身材料

现代攻击武器的发展,特别是精确打击武器的出现,使武器装备的生存力受到了极大的威胁,单纯依靠加强武器的防护能力已不切实际。采用隐身技术,使敌方的探测、侦察系统失去功效,从而尽可能地隐蔽自己,掌

纳米材料

握战场的主动权,抢先发现并消灭敌人,已成为现代武器防护的重要发展方向。隐身技术的最有效手段是采用隐身材料。国外隐身技术与材料的研究始于第二次世界大战期间的德国,在美国得到发展并扩展到英、法、俄罗斯等国家。目前,美国在隐身技术和材料研究方面处于领先水平。在航空领域,许多国家都已成功地将隐身技术应用于飞机的隐身;在常规兵器方面,美国对坦克、导弹的隐身也已开展了不少工作,并陆续用于装备。如美国M1A1坦克上采用了雷达波和红外波隐身材料,前苏联T-80坦克也涂敷了隐身材料。

近年来,国外在提高与改进传统隐身材料的同时,正致力于多种新材料的探索。晶须材料、纳米材料、陶瓷材料、导电高分子材料等逐步应用于雷达波和红外波隐身,使涂层更加薄型化、轻量化。纳米材料因其具有极好的吸波特性,同时具备了宽频带、兼容性好、厚度薄等特点,发达国家均将其作为新一代隐身材料加以研究和开发。国内毫米波隐身材料的研究起步于80年代中期,研究单位主要集中在兵器系统。经过多年的努力,科研工作取得了较大进展,该项技术可用于各类地面武器系统的伪装和隐身,如主战坦克、155毫米先进加榴炮系统及水陆两用坦克。

目前,电磁波吸收型涂料、电磁屏蔽型涂料已在隐身飞机上涂装;美国和俄罗斯的地对空导弹正在使用轻质、宽频带吸收、热稳定性好的隐身材料。可以预见,隐身技术的研究和应用已成为世界各国国防技术中最重要的课题之一。

6. 光电材料

光电材料是指在光电子技术中使用的材料,是现代信息科技的重要组成部分。光电材料在军事工业中有着广泛的应用。碲镉汞、锑化铟是红外探测器的重要材料;硫化锌、硒化锌、砷化镓则主要用于制作飞行器、导弹等红外探测系统的窗口、头罩等。氟化镁具有较高的透过率、较强的抗雨蚀、抗冲刷能力,是较好的红外透射材料。激光晶体和激光玻璃是高功率和高能量固体激光器的材料,典型的激光材料有红宝石晶体、掺钕钇铝石榴石、半导体激光材料等,它们是激光武器必不可少的重要材料。

新材料是满足军事装备生产的支柱性技术,对提高武器装备性能和军队战斗力有着重要作用。新材料技术在军事上的用途十分广泛,用于武器装备可使其升级换代,性能大大提高。随着新材料技术的深入发展,未来的武器装备的面貌还会发生日新月异的变化。

第七节　隐形技术

隐形技术是第二次世界大战后新出现的重大技术项目。特别是20世纪70年代以来,美、英等西方大国及前苏联都投入了大量的人力、物力和财力研究隐形技术,并取得了突破性进展,已由基础理论阶段进入实际应用阶段。目前,隐形技术已被应用于研制隐形飞机、隐形导弹等各种隐形武器装备,有的已研制成功并投入使用。例如,美国的洛克希德公司研制的F-117A隐形战斗机,1981年首次试飞成功,已在海湾战争和科索沃战争中大显身手。可以预见,未来战场上,将出现大量的各种隐形武器装备,在战争中将起到举足轻重的作用。

一、隐形技术的物理原理

隐形技术,是改变已方作战目标的可探测信息特征,从而降低目标被对方发现概率的技术统称。

利用各种侦察技术获取的战场目标信息,其物理实质都可看成"波"。根据工作波段,侦察技术可以分为雷达波侦察、红外侦察、激光侦察等。其中雷达波侦察及激光侦察,是从侦察飞机或侦察卫星等侦察平台上,向目标发射雷达波和激光,通过分析由目标反射回来的雷达波或激光的特性来判断目标的类型、距离、方位、速度等。因此雷达波侦察及激光侦察称为"有源"侦察。而红外侦察技术不需从侦察平台发射红外光波,而是侦察平台直接接收由目标辐射出的红外波进行侦察,因此这种侦察技术称为"无源"侦察。相应的隐形技术根据工作波段也可分为雷达波隐形、红外隐形、激光隐形等。根据隐形的工作方式,隐形技术又可分为有源隐形和无源隐形。

1. 雷达波隐形技术

雷达是迄今为止最为有效的远程电子探测设备,它根据雷达目标对雷达波的散射能量来判定目标的存在并确定目标的位置。要实现雷达波隐形,其核心问题就是使目标的雷达回波无法被侦察雷达探测到。对这一核心问题,军事上有个专门术语,即降低目标的雷达散射截面。所谓目标的雷达散射截面就是表现目标散

机载雷达探测目标示意图

射雷达强弱的物理量,目标的雷达散射截面越小,雷达接收能量越小,因而就越难对目标作出正确的判断。减少雷达散射截面通常有两种途径:一是材料隐形技术,二是外形隐形技术。这两种技术常常被综合运用。

（1）材料隐形技术

材料隐形技术就是在目标表面涂上吸波材料或透波材料,使目标不反射或少反射雷达波,降低目标的雷达散射截面。雷达吸波材料是抑制目标反射雷达波的最有效方法,也是最先获得实际应用的隐形技术手段,早在第二次世界大战后期,德国潜艇的潜望镜上就涂敷了吸波材料,这是雷达隐身的初次尝试。

吸波材料技术按其工作原理,可分为三类。

一类是雷达波作用于材料时,材料产生电导损耗等物理反应,使雷达波的电磁能转换为热能而散发。另一类是雷达波能量分散到目标表面的各部分,从而分散反射到雷达天线方向上的电磁能。第三类是使雷达波在材料上、下两面的反射波叠加发生干涉,相互抵消。吸波

F-117A "夜鹰" 隐形战斗机

材料一般采用铅铁金属粉、不锈钢纤维、石墨粉、铁氧体等具有特殊电磁性能的吸波剂物质来制作。

吸波材料按其使用方法可分为涂料型和结构型。

涂料型吸波材料。目前广泛使用的涂料型"铁氧体"吸波材料,就是在"氧化铁"类陶瓷材料中加入少量的锂、镍等过渡金属,可使反射回波降低20

到30dB(dB即分贝,是表示声波强度的计量单位),但它存在影响飞行器的气动性能、容易脱落、吸收频带窄等缺点。

结构型吸波材料。将吸波材料与非金属复合材料结合起来,使之既具有良好的吸波性能,又具有复合材料重量轻、强度高的优点,可用来制造隐形飞机的机身机翼等结构部件。

还有一种材料隐形技术是透波材料技术,就是是对雷达波"透明"的材料,它对雷达波的反射性能与空气接近,入射的雷达波几乎完全透射,从而减少目标的雷达散射截面。

(2)外形隐形技术。

外形隐形技术的历史没有材料隐形技术那么长,但它的发展却十分迅速,应用十分广泛,目前已成为隐形技术中最重要、最有效的技术。

所谓外形隐形技术,就是合理地设计武器装备的外形,来达到两个目的:一是降低目标的雷达散射截面,二是使目标的回波偏离侦察雷达的侦察方向。例如:F-117A隐形飞机就是采用以外形技术为主、吸波材料为辅的隐形技术方

枭龙FC-1战机投放红外干扰诱饵弹

案。其形状是一个前后边缘不平行的复杂多面体,飞机大部分表面都后倾,与垂直方向呈大于30°角,并采用大后掠角机翼和V形双垂尾。这种奇特外形使F-117A在飞行过程中,对敌人的雷达探测波产生时隐时现的微弱回波,敌人雷达很难探测到这些信号,这就大大降低了F-117A的雷达散射截面,提高了其隐形效果。在海湾战争中,F-117A隐形攻击型战斗机,大约执行了1270架次空袭任务,摧毁了巴格达许多目标,而自己无一伤亡。

2. 红外隐形技术

与雷达探测不同,红外探测是一种无源探测,是直接接收目标辐射的红外波,或者说是探测目标与背景的红外辐射差异。物理学研究表明,任何温度高于绝对零度的物体都能发射红外线,不同温度的物体发射的红外线波长和强度不同。物体温度越高,其红外辐射能力越强。军队武器装备都是很强的红外辐射源,红外探测系统利用军事目标自身的红外辐射或目标与背景之间的温度差异能够发现目标。

红外隐形技术就是要求用多种技术手段,抑制武器装备目标本身的红外辐射来达到隐身目的,当然也可以制造假的红外辐射源来进行红外干扰,从而保护真正的武器装备。所以红外隐形技术同样可以分为两大类:一是红外无源隐形技术;二是红外有源干扰技术。红外无源隐形技术,主要是通过降低和改变目标的红外辐射特征,即采用屏蔽和冷却方法降低目标辐射的红外能量,使敌方探测器难以跟踪。如目标敷以高温隔热材料,飞机遮挡高温尾喷口,降低排气温度等就是基于降低温度,达到隐形的目的。红外有源干扰,是有意识地利用红外装置发射红外辐射,人为地施放干扰。在美国,红外干扰技术发展很快,一般是在战斗机上安装红外干扰装置,依赖从飞机上发射诱饵弹进行红外干扰。一些慢速飞行的低空飞机则装有红外干扰器,使其能逼真地模拟飞机发动机喷管和尾焰的红外辐射特征,从而吸引红外制导导弹。前苏联的红外干扰技术也取得了很大的成就,已研制出红外诱惑系统,能读出敌方红外传感器信号,对敌方进行欺骗和干扰。

由于物质对电磁波的吸收、反射、散射等特征都随电磁波的频率不同而不同,又由于雷达、红外探测方式不同,因而不同隐形波段对目标的电磁特性要求是不同的,甚至是矛盾的。从目前的技术水平来看,采用各种隐形技术,只能降低目标的被探测概率,还不能达到完全隐形。新的更好的隐形技术还有待于物理学工作者、工程技术人员和军事科学家的进一步努力。

3. 激光隐形技术

20世纪70年代起,激光雷达的应用促进了激光隐形的研究。激光雷达与普通雷达工作原理相似,只是激光波长比雷达波短(通常在1.06mm和10.6mm这两个波长),因此有更高的分辨率和测距精度。而且由于没有大型的天线因而,易于自身隐蔽,又不怕电子干扰。激光隐形技术和雷达隐形技术相似,其中激光隐形涂料是激光隐形技术的重要组成部分,其主要指标就是尽量降低其反射率,这方面的研究工作刚刚起步。

4. 等离子体隐形技术

等离子体是继固体、液体、气体之后的第四种物质形态,因而也被称为物质的第四态。以水为例:正常条件下,当温度低于0℃时水呈固态,也就是所谓的冰;当温度超过0℃时,水呈液态,也就是通常所说的水;当温度超过100℃时水呈气态,也就是水蒸气;再将水蒸气继续加热至摄氏几千度,水就进入了第四种形态,也就是等离子态。

等离子体根据温度的高低可分为热等离子体和冷等离子体。热等离子体温度可达几千、几万甚至上亿摄氏度;冷等离子体的温度则接近于常温。从成因上看等离子体又可分为天然人造两种形式。地球环境中的等离子体主要是闪电、陨星侵入所致。而在地球之外等离子体则大量存在,距地表几百公里的电离层就是一个等离子体层,太阳之类的恒星也是一个大等离子体,据称宇宙中97%的物质都是以等离子体的形式存在。人类制造的等离子体也是多种多样,核弹爆炸会产生大量高温等离子体。而日常生活中的霓虹灯、灯棒、等离子电视等也会产生等离子体。只是这些等离子体都是低温等离子体,主要是通过电离某些惰性气体而产生。所以,切莫以为等离子体距离我们很遥远,其实它是无处不在,甚至每天都存在于我们的身边。

等离子体为什么具有隐形功能呢?这主要是因为等离子体对无线电波具有折射与吸收作用。关于等离子体对于无线电波的吸收作用可以从卫星

或飞船回收过程中所经历的"黑障区"得到直观的认识：当卫星或飞船以极高的速度返回大气层时，其表面的温度会因剧烈的空气摩擦急速上升到几千、上万摄氏度，此时卫星与飞船的表面空气会因为温度升高而变成等离子体并将卫星或飞船严密包裹起来，由于等离子体对无线电有强烈的吸收作用，因此地面跟踪雷达将会因为没有回波信号而丢失目标，无线通信也因等离子气团的包裹而无法进行。此时卫星或飞船与地面之间的一切联系将中断，即形成所谓的"黑障区"。只有等卫星或飞船速度下降、表面空气温度降低、等离子体消失之后雷达才能重新跟踪，通信也才能恢复正常。正是基于等离子体这种奇妙的电波吸收与屏蔽作用，军事强国都对等离子体隐形技术抱有极大的兴趣，试想：如果在己方的飞机、军舰、导弹等主战装备上也都包裹一层等离子体，那敌方的雷达岂不都成了睁眼瞎？

关于等离子体隐形技术的应用，目前以俄罗斯为首。俄罗斯发展等离子体隐形的主要思路是在飞机等主战装备表面形成等离子体气团，从而达到吸收、折射对方雷达波之目的。其具体思路是，利用等离子体发生器、发生片、放射性同位素在主战装备表面形成一层等离子云，并设计等离子的特征参数（能量、电离度、振荡频率和碰撞频率等）满足特定要求，使敌方难以探测。

俄罗斯及别的国家理论研究表明，等离子体隐形有几个突出的优点：

（1）隐形效率高

首先，等离子体可以达到99%的吸收或折射效果，这样的效率远远超过现有吸波材料，接近完全吸收；其次，等离子体具有很宽的吸收波段，基本可以对所有波段的雷达波进行吸收和干扰。而目前美国的隐形技术只对短波雷达有效，对于长波雷达效果却不甚理想。

（2）不改变装备的外形结构

传统吸波材料效率不是很高，所以要实现隐形主要是寄希望于外形设

计,因此美国的隐形飞机与导弹都特别强调隐身外形,这对飞行器的飞行性能必然会产生不良影响;等离子体由于具有极高的吸波效率,根本就不需要对装备有什么特别的外形要求,只要能在装备表面形成一层等离子体就完全可以达到目的。所以等离子体隐形可以保留装备的原有外形及战术、技术性能。

(3)相对简单廉价

等离子体隐形技术如果能投入实际应用,其技术相对简单,成本也相对较低,比起传统的隐形技术,更便于大规模使用。

二、未来的无形战场

随着隐形技术的发展和隐形武器装备的问世,不久的将来将会出现大量性能各异的隐形武器装备,未来的战场将是无形战场,未来的战争将实现隐身化。

通过采用各种先进的隐形技术,各种隐形武器装备竞相登场,目前使用的各种侦察探测仪器根本无法发现它们活动的踪迹,甚至坦克的轰鸣声,也在隐形技术的帮扶下,变得"杳无音讯"。通过精巧的结构设计和采用先进的隐形材料,还能使武器装备和重要设施产生奇妙的视觉效果,和环境融为一体,就像变色龙一样。未来的战场到处都是迷宫,处处埋伏着隐形杀手。

目前,除了研制隐形兵器外,不少国家正在研究具有隐形功能的机场、机库、通信系统和侦察系统等。

未来的镭射弯曲光线折射技术可使人体隐身,士兵穿上由这种技术制成的作战服后,能够变成"隐形人"。隐身服能够随着环境特征相应地改变色彩,穿上隐身服,进入树林的士兵会立刻变成"绿人",进入雪地的士兵会立刻变成"雪人",真正实现与大自然浑然一体。如果隐身士兵涂上隐身油,抑制人体热量散发,使红外特征与周围环境保持一致,那么,隐身士兵不但用肉眼看不见,就使用红外探测器也无法看见。一旦服装和武器的隐形涂液研制成功,"来无影,去无踪"将不再是神话。

第八节 生物技术

生物技术,是20世纪70年代初开始兴起的一门新兴的综合性应用学科,尽管起步晚,但是发展迅速,是解开生命之谜、创造新物种的钥匙。比尔盖茨在1996年说过:"生物科技将像电脑软件一样改变这个世界。"科学家预言,生物将取代物理。未来的时代不再是矿物时代而是生物时代,谁掌握了先进的生物技术,谁就将主宰未来。

一、生物工程技术的基础

生物技术包含一系列的技术,它可利用生物体或细胞生产我们所需要的生物,这些新技术包括基因重组、细胞融合和一些生物制造程序等等。其实人类利用生物体或细胞生产我们所需要生物的历史已经非常悠久,例如在1万年前开始耕种和畜牧以提供稳定的粮食来源,6000年前利用发酵技术酿酒和做面包,

生物工程技术

2000年前利用霉菌来治疗伤口,1797年开始使用天花疫苗,1928年发现抗生素盘尼西林等。既然人类使用生物科技的历史这么久,为什么近年来生物技术又突然吸引大家的注意呢。这是因为20世纪中期,人类对构成生物体最小单位,即细胞及控制细胞遗传特徵的基因有了更深入的了解,20世纪70年代又发展出基因重组和细胞融合技术。由于这两项技术可以更有效、更快速地让细胞或生物体生产出我们所需要的新物质,且适合工业或农业量产,因此从20世纪80年代开始,造就了一个新兴的生物科技产业。

生物工程技术包括五大工程,即基因工程、细胞工程、发酵工程、酶工程

军事小天才
Jun Shi Xiao Tian Cai

和生物反应器工程。在这五大领域中，前两者作用是将常规菌（或动植物细胞株）作为特定遗传物质受体，使它们获得外来基因，成为新物种。后三者的作用则为新物种创造良好的生长与繁殖条件，进行大规模的培养，以充分发挥其内在潜力，为人们提供巨大的经济效益和社会效益。

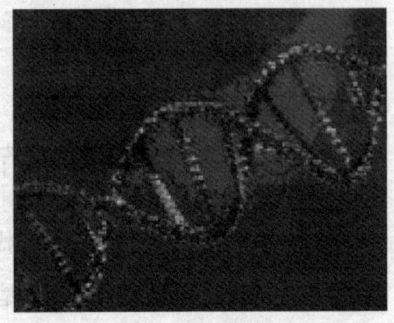

DNA结构图

1. 基因工程

随着DNA的内部结构和遗传机制的秘密一点一点呈现在人们眼前，生物学家不再仅仅满足于探索、揭示生物遗传的秘密，而是开始跃跃欲试，设想在分子的水平上去干预生物的遗传特性，这种分子水平的干预是这样实现的：将一种生物的DNA中的某个遗传密码片断，连接到另外一种生物的DNA链上去，将DNA重新组织一下，设计出新的遗传物质并创造出新的生物类型。这与过去培育生物繁殖后代的传统做法完全不同，它很像技术科学的工程设计，即按照人类的需要把这种生物的这个"基因"与那种生物的那个"基因"重新"施工"、"组装"成新的基因组合，创造出新的生物。这种完全按照人的意愿，由重新组装基因到新生物产生的生物科学技术，就被称为"基因工程"，或者称之为"遗传工程"。

基因工程在20世纪取得了很大的进展，这至少有两个成功典范。一是转基因动植物，一是克隆技术。转基因动植物由于植入了新的基因，使得动植物具有了原先没有的全新的性状，这引起了一场农业革命。如今，转基因技术已经开始广泛应用，

科学家正在进行细胞工程试验

如抗虫西红柿、生长迅速的鲫鱼等。1997年世界十大科技突破之首是克隆羊的诞生。这只叫"多利"的母绵羊是第一只通过无性繁殖产生的哺乳动物,它完全秉承了给予它细胞核的那只母羊的遗传基因。"克隆"一时间成为人们注目的焦点。

2. 细胞工程

指应用现代细胞生物学、发育生物学、遗传学和分子生物学的理论与方法,按照人们的需要和设计,在细胞水平上重组细胞的结构和内含物,以改变生物的结构和功能,快速繁殖和培养出人们所需要的新物种的生物工程技术。细胞工程的优势在于避免了分离、提纯、剪切、拼接等基因操作,只需将细胞遗传物质直接转移到受体细胞中就能够形成杂交细胞,因而能够提高基因的转移效率。通俗地讲,细胞工程是在细胞水平上动手术,也称细胞操作技术,包括细胞融合技术、细胞器移植、染色体工程和组织培养技术。通过细胞融合技术,可以培育出新物种,打破了传统的只有同种生物杂交的限制,实现物种间的杂交。这项技术不仅可以把不同种类或者不同来源的植物细胞或者动物细胞进行融合,还可以把动物细胞与植物细胞融合在一起。这对创造新的动植物和微生物品种具有前所未有的重大意义。

3. 酶工程

酶工程又称生物转化反应,是利用生物学方法以酶为催化剂,使一种物质迅速转化为另一种物质的技术。它不需要传统的化学转化所必不可少的高温、高压、强酸、强碱等条件,节省能源,效率极高。酶工程最突出的成就是微生物发电。最原始的酶工程要追溯到人类的游牧时代。那时候的牧民已经会把牛奶制

发酵罐

成奶酪,以便于贮存。他们从长期的实践中摸索出一套制奶酪的经验,其中

关键的一点是要使用少量小牛犊的胃液。用现代的眼光看那就是在使用凝乳酶。此后,在开发使用酶的早期,人们使用的酶也多半来自动物的脏器和植物的器官。例如,从猪的胰脏中取得胰蛋白酶来软化皮革;从木瓜的汁液中取得木瓜蛋白酶来防止啤酒混浊;用大麦麦芽的多种酶来酿造啤酒;等等。然而,随着酶的开发应用的扩展,这些从动植物中取得的酶已经远远不能满足人们需要了。人们把眼光转向了微生物。

微生物是发酵工程的主力军。在发酵工程里(或者说在自然界也一样),微生物之所以有那么大的神通,能迅速地把一种物质转化为另一种物质,正是因为它们体内拥有神奇的酶,正是那些酶在大显神通。说到底,发酵作用也就是酶的作用。

微生物种类繁多,繁殖奇快。要发展酶工程,微生物自然应该是人们获取酶、生产酶的巨大宝库、巨大资源。事实上,目前酶工程中涉及的酶绝大部分来自于微生物。

酶工程,可以分为两部分。一部分是如何生产酶,一部分是如何应用酶。用微生物来生产酶,是酶工程的半壁江山。

4. 发酵工程

指采用现代工程技术手段,利用微生物的某些特定功能,为人类生产有用的产品,或直接把微生物应用于工业生产过程的一种技术。发酵工程的内容包括菌种选育、灭菌、接种和产品的分离提纯(生物分离工程)等方面。

5. 生物反应器工程

生物反应器是指为细胞增殖或生化反应提供适宜环境的设备,它是生物反应过程中的关键设备。生物反应器的结构、操作方式和操作条件的选定,对生物化工产品的质量、收率(转化率)和能耗有直接影响。生物反应器的设计、放大是生化反应工程的中心内容,也是生物化学工程的重要组成部分。从生物反应过程说,发酵过程用的生物反应器称为发酵罐;酶反应过程用的生物反应器则称为酶反应器。另一些专为动植物细胞大量培养用的生物反应器，专称为动植物细胞培养装置。顾名思义，生物反应器工程就是研制各种生物反应器的工程。

基因工程、细胞工程、酶工程和发酵工程不是孤立存在的，而是彼此互相关联、互相渗透。例如用基因重组技术和细胞融合技术可以创造出许多具有特殊功能和多功能的工程菌和超级菌，再通过微生物发酵来产生新的有用物质。再如酶工程和发酵工程相结合，可以改革发酵工艺，大大提高产量。

二、神秘的军事生物技术

在引发21世纪武器装备革命性变化的高新技术中，迅速兴起的生物技术发展势头正猛。未来的武器装备、后勤保障和军用医药等各个方面，都将离不开生物技术的支撑。有识之士认为，现代化生物武器是一支重要的威慑力量，在未来战场上，比原子弹更可怕。

以生命科学为基础的综合性技术——生物技术将成为军事高技术的制高点。

1. 人称"种族武器"和"世界末日武器"的基因武器

基因武器就是在生物遗传工程技术的基础上，用人为的方法，按照军事上的需要，利用基因重组技术，复制大量致病微生物的遗传基因，并制成生物战剂放入施放装置内所构成的武器。它能改变非致病微生物的遗传物质，使其产生具有显著抗药性的致病菌，利用人种生化特征上的差异，使这种致病菌只对特定遗传特征的人们产生致病作用，从而有选择地消灭敌方有生力量。因此，科学家们也称这种"只对敌方具有残酷杀伤力，而对己方毫无影响"的新型生物武器为"种族武器"。按照美国国家人类基因组研究中心的报告，由多国联手开展的人类基因组计划，预计于2003年完成，届时将可排列出组成人类染色体的30亿个碱基对的DNA序列，揭开生命与疾病之谜。一旦不同种群的DNA被排列出来,就可以生产出针对不同人类种群的基因武器。

基因武器杀伤力极强,远非普通的生物战剂所能比拟。据估算,用5000万美元建造一个基因武器库,其杀伤效能远远超过50亿美元建造的核武器库。某国曾利用细胞中的脱氧核糖核酸的生物催化作用,把一种病毒的DNA分离出来,再与另一种病毒的DNA相结合,拼接成一种具有剧毒的"热毒素"基因战剂,用其万分之一毫克就能毒死100只猫;倘用其20g,就足以使全球55亿人死于一旦。正因为如此,国外有人将"基因武器"称为"世界末日武器"。科学家认为,不能排除随着基因操作等知识的日益普及,基因技术被用于制造基因武器的可能。甚至有人预测,基因武器将在5至10年内出现。

2. 威力巨大的生物炸弹

利用生物技术制造炸药,生产过程简单,成本低,燃烧充分,爆炸力强,威力比常规炸药大3~6倍。用生物炸药制成的武器战斗可使武器的战术、技术性能提高一个数量级。

3. 智能化的军用仿生导航系统

自然界中许多动物具有导航能力。研究发现,鸟体的导航系统只有几毫克,但精确度极高,探测误差小于0.03微瓦/平方米。目前已有一些国家在利用生物技术手段模拟动物的导航系统来简化军事导航系统,以提高精度,缩小体积,减轻重量,降低成本,增强在复杂条件下的导航能力。

4. 敏锐的军用生物传感器

把生物活性物质,如受体、酶、细胞等与信号转换电子装置结合成生物传感器,不但能准确识别各种生化战剂,而且探测速度快、判断准确,与计算机配合可及时提出最佳的防护和治疗方案。美国国防部于1990年将生物传感器列入国防关键技术,2000年就制造出了机器人生物传感器。生物传感

器还可通过测定炸药、火箭推进剂的降解情况来发现敌人库存的地雷、炮弹、炸弹、导弹等装备的数量和位置,它将成为实施战场侦察的有效手段。

5. 取之不尽的军用生物能源

目前主战兵器的机动装备大都以汽油、柴油为燃料,跟踪补给任务重、要求高。生物技术可利用红极毛杆菌和淀粉制成氢,每消耗1克淀粉就可生产出1毫升氢。氢和少量燃料混合即可替代汽油、柴油。这样,机动装备只需要带少量的淀粉,就能进行长时间远距离的机动作战。日本、加拿大等国把细菌和真菌引入酵母,酶解纤维生产酒精,或用基因工程方法使大肠杆菌把葡萄糖转化为酒精,代替汽油或柴油,可随时为军队的机动装备提供大量的生物燃料。

6. 奇异的军用生物装具

即利用生物技术就地取材提供高能量的作战军需品。如美国陆军研究发展和工程中心已经从织网蜘蛛中分离出合成蜘蛛丝的基因,从而能够生产蛛丝;还可将基因转移到细菌中生产可溶性丝蛋白,经浓缩后可纺成一种特殊的纤维,其强度超过钢,可用于生产防弹背心、防弹头盔、降落伞绳索和其他高强度轻型装备。

7. 疗效快捷的军用生物医药

生物技术可以制造新的疫苗、药物和新的医疗方法。如利用生物技术生产血液代用品,已受到世界各国的重视,人造血液可望缓解战场上血浆的供需矛盾。利用生物技术生产的高效伤口愈合材料,有望进行大规模生产。科学家正研究用重组工程菌进一步提高壳多糖(有促进伤口愈合功能)的产量。美国一些公司与陆军医疗中心正在从事用生物技术合成"人造皮肤"的研制工作。

8. 不可思议的军用仿生动力

人和动物的肌肉具有惊人的力量,人体全身的600余块肌肉朝一个方向

收缩,其力量可达25吨!目前,军事仿生专家已用聚丙烯酸等聚合物制成了"人工肌肉",把它放入碱或酸介质中,便能产生强烈的收缩或松弛,直接把化学能转变成机械能。为尽快制造出实用的肌肉发动机,专家们设想用胶原蛋白作材料。胶原蛋白分子呈螺旋状结构,类似弹簧。将其浸入溴化锂溶液后即迅速收缩,从而做功,用纯水洗去溴化锂,胶原蛋白就恢复到原来长度。这种"肌肉发动机"没有齿轮、活塞和杠杆,故体积小、重量轻、无噪音、操作简便,还省去了体大笨重易燃易爆的油箱,用来制造兵器,可大大提高机动力和生存力。

9. 怪异的军用动物武器

训练动物参战,自古有之。但人们运用生物工程技术,创造一些"智商"高、体力强、动作敏捷和繁殖速度快、饲养简单的动物,去充当"战斗动物兵"并非遥远。1992年,世界上第一头带有人类遗传特征的短吻、小眼睛、大耳朵、被称为"阿斯特里德"的猪,在伦敦降生了。到第二年,英国就有37头猪带上了人类基因。科学家的目的是为了实现跨物种器官移植,以解决目前移植手术中器官来源不足的难题。但由此不难想象,随着基因技术的发展,用这一技术"杂交"出一些怪物,甚至"人造人",完全是有可能的。

此外,生物加工处理技术在军事领域也有广泛的应用。目前正在研究的课题有:生化战剂的洗消、危险废物的生物降解、生物除雷、生物防核污染等。已经初步研制出了无腐蚀、低成本、高速度、便于携带的清洗生化战剂的生物酶,清除残余地雷、水雷,降解TNT炸药的生物体和能除去铀、镭、砷等有毒有害元素的微生物。

第四章 未来战场上的兵器

兵器是人类战争中最具革命性的因素,科技水平制约着兵器的水平。随着未来科学技术的深入发展,兵器将进入到信息时代,具有系统化、网络化、精确化、隐身化等特点,而电子战武器、指挥自动化系统、隐身武器、精确制导武器、天基武器以及新概念武器,将成为未来战场的主要作战兵器。

第一节 武器系统的中枢神经:指挥自动化系统

未来的战场将变得更加变幻莫测,武器系统也会变得更加复杂、多样,这就给指挥员带来了挑战。如果还是靠传统的指挥手段,根本无法适应未来战争的指挥需求。为了更好地管理战场、指挥军队和武器系统,人类发明了比人类还聪明的指挥自动化系统。军队指挥自动化系统是高科技综合作用的产物。指挥自动化系统具有突出的情报获取能力、信息传输能力、分析判断能力和组织协调能力,它在高技术战争中的地位和作用越来越突出。

战略游戏—红警的指挥界面

军事小天才
Jun Shi Xiao Tian Cai

一、指挥自动化系统是指挥未来战争的必备兵器

未来战争是信息化战争,手工业式的指挥手段将无法适应作战指挥的需要。这是因为信息化战争的战场,所有的作战行动都是围绕制信息权而展开的,谁掌握了信息优势谁就赢得战争。信息数量将会是传统战争数千倍乃至数万倍,如此众多的信息,需要快速、准确的处理,信息流通缓慢或者淤积就意味着指挥失灵。而且未来的战争将是诸军兵种的一体化联合作战,需要军兵种间战场信息的快速、实时沟通,否则很难达到作战行动的协调一致。另外,未来战场上将会出现众多各式各样的信息化武器装备。这些信息化武器装备需要准确、可靠的指令信息予以控制,才能有效发挥自己威力。

信息化战争的战场空间扩展到陆、海、空、天、电、网五维空间,但是作战时间却大大缩短,战线变得模糊,战略、战役、战术行动将同时展开,作战样式频繁转换。这就要求战场指挥必须具有很强的应变性、实时性。面对如此纷繁复杂的战场,指挥人员必须借助指挥自动化系统,为其提供及时可靠的战场情报、科学的决策方案、快速的信息传递、全方位的战场监控,才能有效调控各个军兵种作战力量,达成战争目的。

二、指挥自动化系统是指挥官的"第二大脑"

指挥自动化系统是战场指挥员的高智能指挥兵器。它同时具备指挥、控制、通信、情报、侦察、预警和保障等功能,就好像指挥员的第二大脑,既能够使指挥员对战场情况了如指掌,又能帮助指挥员应对复杂的战场意外情况,及时定下作战方案。未来的指挥自动化系统甚至能够把战场上的各种作战力量真正联为一体,指挥员使用起指挥自动化系统时,就像玩

指挥自动化系统能够实时控制每个作战单位

战略游戏一样,可以镇定自若地运筹帷幄,决胜千里之外。

1. 指挥自动化系统能够帮助指挥员实时掌握战场情况

未来的指挥自动化系统,通过分布在陆海空天的侦察、监视设备,使指挥员实时地通过终端显示器,观看战场活动情况的现场直播。指挥员只需朝战场的任一方位点击一下鼠标,屏幕就会把该方位的最新战场态势呈现出来。由于整个指挥自动化系统是与每一个作战单元(大到作战兵团小到单兵和战车)无缝连接的,战略指挥官通过指挥

国防部为美国陆军和海军陆战队指挥官和参谋人员开发的自动化辅助决策系统

自动化系统可以控制各个军兵种的行动,而且能够直接指挥一个很小的作战单元以及单件智能化武器系统。这样,指挥员就能够从全局上统一调配各种作战力量,使诸军兵种保持协调一致的作战步伐。

2. 指挥自动化系统能够实时收集处理情报,并做出科学决策

随着未来计算机高智能化的深入发展,未来的指挥自动化系统将发展成为高智能化的系统,能自动收集情报并进行整理,还能够依据情报制定准确的决策供指挥官参考。来自侦察卫星、侦察飞机、侦察船以及其他侦察监视设备处的情报信息,会源源不断地自动发送到指挥自动化系统的情报处理系统。情报处理系统对这些情报

指挥官能够通过显示屏了解整个战场态势

自动分析、编辑,然后按照轻重缓急顺序及时发送到指挥员处,并通过显示器显示出来,以便各级指挥员迅速、全面地了解战场情况。在掌握全面的战场情况基础上,指挥自动化系统不仅能协助指挥员制订作战方案,而且能根

据实际情况对各种预案进行比较，迅速选择出最佳方案供指挥员参考。作战方案一经指挥员审核批准后，指挥自动化系统就会自动拟制作战计划，并分发给相关单位。在战斗过程中，指挥自动化系统能不断分析战场情况，自动显示战场最新动态，使指挥员实时了解敌我态势变化。

3. 指挥自动化系统能提高武器系统智能化

在未来战争中，随着大量智能化武器的出现，使得武器的控制变得更加复杂。智能武器需要按照战场指挥官意图行事，就需要有一个自动化的武器系统与之配合。

自动化武器控制系统是指挥自动化系统的一个重要组成部分。它不仅能控制多个战略级武器，而且能够控制警戒设备、设备导引和杀伤破坏性武器在内的整套武器系统，指挥员在武器发射前只起着决策作用，即只是赋予武器一个作战任务，由武器自动完成，包括发现目标、追踪目标、打击目标。

三、未来的指挥自动化系统将更加智能化

在未来战场上，大量传感器、无人侦察机，各种智能化武器平台，都可以把探测到的战场情况直接传入指挥中心。未来的指挥员面临的困难不再是"战争迷雾"，而是如何处理、利用浩如云烟的情报信息。这就需要更加智能化的指挥自动化系统。

未来的指挥自动化系统，是能够模拟指挥人员行为的指挥系统，它能自动完成情报信息的分类、筛

地面人员遥控掠食者无人机进行攻击的示意图

选和处理，完成作战编程和作战任务的拟制，拟制完作战计划后，还能模拟显示作战计划的战场运行过程，可以让指挥人员，不必苦于处理浩繁的战场情报信息。可以说，这种智能化的指挥系统是对人的综合能力的高水平效仿，能够代替指挥员根据不同战场情况定下作战决心。随着人类未来智能

技术的高度发展，未来的指挥自动化系统还会实现真正意义上的人机对话。人与指挥系统的对话交流不再需要键盘、鼠标等信息输入设备，只需要使用口语。

未来智能化指挥自动化系统，是未来智能技术和智能计算机高度发展的

Ⅱ型远程监视战场传感器系统

产物，它的智能主要体现在三个方面：一是能自动判断情报真假，把众多情报进行合理分类、储存，根据情报信息的类型和重要程度，将情报上报指挥中心，或通报相关部队，或直接输入到作战武器系统。二是辅助战场指挥官进行决策，能根据掌握的战场情况，及时提出多种应对方案，供决策者参考。指挥员决定使用哪一种方案之后，指挥自动化系统会迅速、准确、可靠、保密地制定作战文书，并向有关部队、人员或武器下达作战命令。三是实施智能化的战场管理，能够自动监控各个作战单位对上级命令的执行情况，把战场情况实时呈现给指挥员，并能够对突发事件做出迅速反应。

第二节　未来陆军的兵器

陆战场是人类战争最早涉足的战场，陆战兵器是陆上战斗胜负的重要因素。随着人类技术的飞速发展，陆军的兵器不断地发生着质的飞跃，未来的陆军兵器将烙上深深的数字化的痕迹。

一、未来陆军兵器的特征

在以信息技术为核心的高技术群的

德国的"浮士德"战场管理系统

有力支撑下,未来的陆军兵器将呈现以下特征:

1. 数字化

兵器数字化,是指将计算机技术运用到兵器中,通过高智能的计算机使兵器智能化。计算机就好像兵器的大脑,使兵器能自动完成侦察、搜索、识别、攻击等任务。高智能的数字化兵器是一种能思考的武器系统。未来陆军的兵器在网络技术和通信技术的支持下,还将与各种陆军兵器连接起来,形成一个智能化的装备体系,形成一体化的陆军火力打击体系,达到"一方有事,多方支援"的作战效果。

2. 隐身化

未来的战场,在陆海空天的全维立体的侦察监视下,将变得更加透明,陆战场上几乎无处藏身,加之未来兵器的远程精确打击能力,目标一经发现就会被摧毁。因此,怎样使兵器隐身化,越来越受到军事家们的重视,未来陆军兵器隐身化将是大趋势。在新材料技术和隐身技术的帮助下,未来陆战场将会出现大量的隐形兵器。如隐形坦克、隐形指挥车、隐形火炮,以及隐形帐篷和工事等。

3. 空中化

未来的陆战场,不会像以前那样,以坦克部队为主力部队实施地面突击,其他兵种进行配合,取而代之的是以装甲化的陆航部队为主要攻击力量,从中低空实施大规模的突击行动。在未来陆战场上,像坦克、自行火炮等地面兵器,只有在陆航部队的羽翼之下才会发挥火力、机动、防护优势。

二、未来陆军兵器面面观

1. 未来单兵武器系统

与传统的单兵装备相比,未来的单兵装备将变得系统化、一体化、数字化而且更加人性化。穿上它,士兵的作战能力将成倍跃升,甚至大大超越"邦德007"的战力指数。

军事小天才
Jun Shi Xiao Tian Cai

一是数字化头盔系统。该系统是未来单兵武器系统的关键技术,包括头盔壳、头盔显示器、全方位听力装置、防护面具和电源、无线电头盔控制装置等。通过数字化头盔系统,单兵之间可以方便地通信,头盔上的面罩可以显示电脑图像,提供战场情况和

刀枪不入的数字化士兵

上级在最新指示,头盔系统还和武器系统无缝连接。另外,头盔系统还有保护士兵听力和防毒的能力,专用耳机使士兵能清晰地听到400米远的声音,夜视装备使士兵能在夜间清楚地了解周围战场情况。头盔的各种功能通过一个小键盘控制,便于士兵操作。

二是单兵 C^3I 系统。单兵 C^3I 系统的作用是为士兵提供通信、预警、定位和防护等帮助。单兵 C^3I 系统包括夜间枪支瞄准的视频强化图像增强器、平板显示器、全球定位系统、单兵计算机、远距离的通信电台等。单兵 C^3I 系统是陆军指挥自动化系统的组成部分,单兵可以实时将重要的战场情况传给指挥官和其他武器装备。

三是更加实用的军服系统。采用最新材料制作的军服,不仅穿着舒适,而且具有防弹、防火、防辐射、防红外监视、防风雨等综合功能,全重不到8公斤。军服系统包括:战斗服、防弹衣、手套、战靴、承载元件等。而且军服中还装有微气候空调

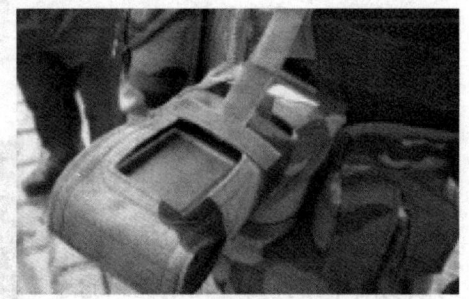

单兵GPS定位仪

系统,使士兵无论在炎热的夏天还是在严寒的冬季,都感到舒适,可提高士兵战场耐久作战能力。

第四章 未来战场上的兵器

四是单兵武器系统。包括步枪、热成像仪、激光瞄准器等。该武器系统能发射子弹和榴弹,在500米内命中概率达90%以上。而且还配备了微处理器和射击控制系统,使武器具有敌我识别能力,如果士兵向己方士兵射击,射击控制系统会发出警报。

AMX-30DFC隐身坦克

2. 未来的装甲战车

装甲战车包括坦克、步战车、侦察车、两栖战车等。装甲战车仍旧是未来地面作战的主要装备,它们具有很强的机动力、防护力及强大的火力,是非常彪悍的地面刑天利器。

未来的装甲战车将实现数字化、隐身化、自动化。所谓数字化,是指未来装甲战车将安装更加智能化的综合信息系统,装甲战车的防护、机动、射击等都围绕综合信息系统实现自动化操作。坦克座舱内还设置有数字地图显示器,实时显示战场态势图。坦克车体外还安装有很多探测装置和传感器,能全方位自动搜索目标、自动发现危险情况,并判别危险等级。由于坦克综合信息系统是与战场陆军指挥自动化系统无缝连接的,坦克上的探测装置能把探测到的战场情况快速传送给指挥中心。

阿帕奇直升机

单兵武器激光瞄准设备

所谓隐身化,就是借助新材料技术和隐身技术的支撑,使装甲战车在透明化的战场上,能"入无人之境"般地驰骋,而不被对方侦察到。未来装甲战车的外壳将是由具有反辐射雷达波能力的复合材料和纳米涂料制成的,还将采用新型电驱动装置,既降低红外特征,又减少噪音。

所谓自动化,是指随着车辆电子技术的发展,坦克炮塔部分将全部实现自动化,供弹、装填、射击等都不需要人工操作。另外,随着新概念武器技术的发展,装甲战车的战斗系统将用电磁炮、激光炮、电热炮等代替传统火炮,从而使装甲战车具备更加精准、强悍的攻击力。

3. 未来的武装直升飞机

武装直升飞机,是指装备有武器系统,用于攻击地面目标的直升飞机。武装直升飞机具有机动敏捷、火力强大、空中优势明显的优点,它既可以依靠装甲外壳和电子干扰设备保护自己,又可以用多种火力实施攻击,因此具有很强的战场生存能力和攻击能力,曾一度以"坦克杀手"著称。武装直升飞机列装陆军之后,使陆军能够在三维空间作战,它的出现变革了很多传统陆军战法。

未来的武装直升飞机的发展趋势是:(1)数字化。信息技术也不可避免地在直升飞机上大显身手,未来的武装直升飞机由于配备了智能化的综合信息系统,能够实现自动跟踪、自动瞄准和自动射击,能够实现空中侦察、指挥、攻击一体化。(2)隐身化。除采用雷达隐身技术外,还具有红外隐身、激光隐身等隐藏功能。(3)具备空战能力。在未来战场上,武装直升飞机将大量使用,敌对双方的武装直升飞机在空中交战将不可避免,未来的武装直升飞机将会与战斗机一样具有空战的本事。(4)更加强大的火力。未来武装直升飞机将装配更先进的武器系统,武器系统将实现智能化、一体化,整体打击火力将比传统武装直升机大幅增强。

4. 未来的防空武器

人类目前的陆军防空武器包括防空导弹、高射炮等,是陆军对付空中威胁的主要武器。未来陆战场的空中威胁将日益增强，发展高性能的防空武器将是未来陆战兵器的必然选择。

俄制道尔M1型野战防空系统

美军在"复仇者"防空导弹车上试验激光武器

未来的防空武器将主要是高智能的防空导弹系统。未来的防空导弹系统，将全面实现智能化，从捕捉空中目标到打击将实现自动操作。未来的防空武器还将实现防空和反导一体化。未来的防空武器将主要由激光武器、定向能武器、动能武器组成，通过这些新概念武器，能够快速地消灭来自空中的目标，甚至能够直接攻击敌方的太空目标，如卫星等航天器。

第三节　未来海军的兵器

当今世界发达国家的海军装备主要有航空母舰、核动力（常规动力）潜艇、驱逐舰、护卫舰、巡洋舰和两栖登陆舰等。随着以信息技术为核心的高技术的迅猛发展及其在军事领域的广泛应用，海军的兵器也呈现出了革命性的变化。海战样式也将从"以平台为中心"向"以网络为中心"发展。各种数字化的战舰将通过数字链路连接为一个有机整体，作战效能将大大提高。

一、未来的航空母舰

航母俗称海上"巨无霸"，长度将近200米，排水量达上万吨。航母尽管具备"陆海空"一体作战能力，可是巨大的身躯往往容易被敌人发现，成为众多兵器打击的"靶子"。因此如何把这个巨大的怪物隐藏起来，成为未来航

空母舰的发展趋向。隐形航母和水下航母将登上未来海战场。

未来航母隐形主要是彻底改变传统航母的上层结构,大大降低光学特征和雷达反射截面积。未来的航母将取消传统突出的桅杆、旋转雷达天线、烟囱和各种通信天线,而采用与舰桥融为一体的封闭式桅杆和传感器,并将导弹、舰炮等各种武器放置在舱面以下,外形更显扁平、低矮、光洁。如美国的新一代隐形航空母舰CVNX的上层建筑就将设计成倾斜的多面体。另外还会对一些凸出部位采用涂敷雷达吸波涂料等措施,从而达成隐形的目的。除

美国"里根"号航母

此之外,未来航母在降低红外辐射、消除舰体磁场和电子设备的电磁辐射等方面也将采取相应的隐形措施,采用新型动力推进系统,大大降低舰艇的自身噪声,减小音响特征,如现代潜艇般安静。

水下航空母舰,可像潜艇一样潜伏在深海,可以实施远距离隐蔽机动。当浮出水面时,则可以作为战机的起降平台,可以说是将航母与潜艇的优点集于一身。

未来还会出现气垫式的航空母舰,这种气垫航母将是一种不受地域、海域限制,不受水雷等水中武器威胁的海上浮动平台。这种航母还会具有登陆的能力,浅滩搁浅的威胁在它身上将不会起作用。

美国未来新一代隐形航空母舰—CVNX

军事小天才
Jun Shi Xiao Tian Cai

二、未来的水面战舰

自从人类制造出水面战舰以来，一直没有跳出抗浪性和适航性差的单体船型的范围。由于未来的作战是诸军兵种一体化作战。未来水面战舰要适应未来战争的需要，必须向抗浪性好、适航性强的小水线面双体船、三体船以及地效飞翼艇方向发展。

小水线面双体船的外形结构都是由平面构成的，船舷的侧身是倾斜45°的平面。小水线面双体船水下部

解放军列装首艘江湖地效型边防巡逻艇

分由两个样子好像是水雷，全浸在水中的船身提供，同时使战舰构成小线面双体形。该种舰艇由潜没于水中的鱼雷状下体、高于水面的平台（上体）和穿越水面连接上下体的支柱三部分组成，其优点在于水线面面积较强，受波浪干扰力较小，在波浪中具有优越的耐波性。另外，还具有宽阔的甲板面和充裕的使用空间。小水线面双体船的上述特点，使这类船在波浪上航行时，波浪对其影响很小。就排水型船型来说，目前还没有任何其他船能比小水线面双体船在波浪上航行时波阻力小、失速少、适航性好。传统的海军单体战舰只能在5级海风以下达到最高速度，而小水线面双体船能在更大海风中全速平稳行驶，是最理想的海战平台。小水线面三体船则比双体船的平稳性要好得多，它除了有一个主船体之外，在两侧还分别延伸出两个翼片，排水量达上千吨，舰体长度达百米，能持续航行20天。

海军2208双体船

小水线面双体船

地效飞翼艇,这是一种既能在海上飞驰,又能在空中翱翔的新型战舰。这种战舰利用地面效应和动力增升原理,实现高速掠海飞行,很像贴地飞行的飞机。地效飞翼艇无需害怕水中障碍和雷区。机动能力非常优越,甚至可以在沙地、沼泽地以及其他普通运输工具难以行进的地形上随意起降。未来的地效飞翼艇,适合执行反舰、防空、反潜、扫雷、海上运输等多种任务。

LILAC三体帆船1

三、新概念舰艇

隐形舰艇。由于未来的海战场也将是透明的,在海上活动的战舰很容易被敌方的侦察设备探测到,使舰艇隐身化,成为提高舰艇战场生存能力的关键。隐形舰艇利用隐身技术降低舰艇各种信号,以减少被探测到的几率,常常能"出奇不意"地出现在敌人面前,给敌人以措手不及的重创。

超导舰艇。传统的舰艇,不论是核动力的还是常规动力的,都无法解决螺旋桨产生的噪声问题,噪音很容易被敌方的声纳探测器探测到,从而暴露自己的位置,为自己招来杀身之祸。超导舰艇则将彻底解决这一问题,超导潜艇既没有马达也没有螺旋桨,几乎不产生任何噪音。这种潜艇是根据磁流体动力学的原理,用一块超导磁铁,使水向后排放,从而产生向前的推力。

三栖舰艇。这种舰艇是一种能在太空、海上、深海活动的高性能军舰。它集飞机、水面舰艇、潜艇的性能于一身,可以随意选择栖身场所。

袖珍舰艇。这种舰艇几十厘米长,体内安装有体积小能量高的炸弹,具有自动识别跟踪系统,在指挥中心的控制之下,能像幽灵一样向敌舰发起攻击。在

美制"短剑"高速隐形试验快艇

死神到来之前,敌舰会毫无知觉,因为袖珍舰艇在大海上就像一个小小的泡沫,很难被侦察到。纳米技术的发展使这种袖珍式的微型舰艇成为可能。

四、未来的舰载固定兵器

传统的舰载武器主要是火炮、导弹、机枪。随着高技术的飞速发展,很多新概念武器也会被陆续应用到战舰之上。

超导电磁船

舰载电磁炮。电磁炮具有射速高、不怕电子干扰的特点,是未来水面战舰的重要武器。电磁炮靠电磁力发射弹丸,没有火焰、响声和后坐力,利于隐蔽作战,而且具有非常高的精度和打击力。

舰载激光武器。由激光发射器、测距仪、计算机控制元件等部分组成,能发射蓝色的激光束。激光束的射速达30万公里/秒,对方的导弹刚一发射就有可能被击毁。舰载激光武器具有抗干扰强、反应速度快的特点。

第四节 未来空军的兵器

空战场,一直是作战双方殊死争夺作战优势的地方,空军则是这一战场的主要作战力量,空军兵器的优劣将直接制约着空战的胜败。从人类战争中第一架战机出现以来,战机的性能不断地得到改进。随着高新技术的迅猛发展,空军的战机也焕发出信息时代的新面貌。

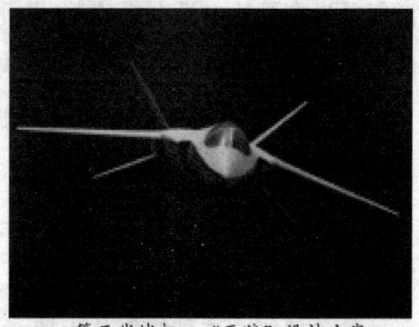

第五代战机:"天狼"设计方案

一、未来的战斗机

目前人类已经制造出第四代战斗机,如美国的猛禽F-22战斗机。第四代战斗机具有隐身、超高音速飞行、短距离起降等能力,其作战能力远远超过第三代战机。美军曾用电脑模拟一架第四代战机猛禽F-22战斗机与第三代战机F-16战机空中格斗,结果是F-22全胜。人类还不满足于第四代战机现有的性能,正着手研制第五代战斗机。第五代战斗机将会比第四代战斗机更加隐身化、更加高速、更加灵活、航程更远。在隐身技术上,第五代战斗机将使用全频谱隐形,目前的各种雷达探测技术都无法发现,因此它能够在敌人上空"如入无人之境"般自由穿梭。在速度方面,第五代战斗机将采用更加先进的发动机,飞行速度将达到超高音速,导弹都追不上它;甚至能穿越大气层进行跳跃式巡航与机动,数小时内能够到达地球上的任一地点。另外,第五代战机采用了更加先进的智能技术,实现了高度智能化,专家系统还能根据搜索的战场情况及时为飞行员提供决策辅助。

二、未来的无人机

无人机就是无人驾驶的飞机,有了无人机参加空中行动,可以大大减少飞行员的死亡人数。目前,美国等发达国家的无人机技术水平,已经非常成熟,先后推出"捕食者"和"全球鹰"等型号的无人飞机,而且这些无人机集侦察、监视和攻击功能于一身。

随着人工智能技术的进一步发展,未来的无人机的作战能力、使用成本将全面优于有人驾驶飞机。未来的无人机将具有以下三方面的特点:

一是续航时间长、作战半径大。续航时间可达40小时甚至更长,作战半径可达上万米。

二是具备精确作战能力。未来的无人机装备有多种精确制导弹药,不但能够对地面目标实施精确打击,而且能够与敌方飞机进行空中格斗,迅速锁定敌机,给以精确打击。

三是智能化程度更高。借助无人机体内的高智能化航空电子设备,无人机能够做到准确识别敌我,主动搜索目标,实时向指挥中心汇报战场情况。甚至无人机之间还可以进行战斗协作,共同完成一个任务。

"全球鹰"无人机

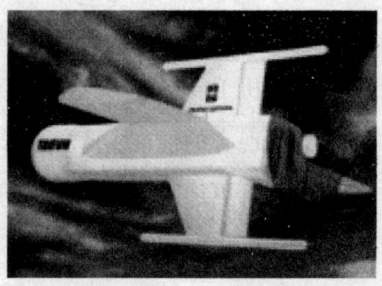
德国空中杀手：泰帆攻击无人机

三、未来的轰炸机

说到轰炸机,我们就会想到前苏联的图－95轰炸机和美国的B－2隐形轰炸机。轰炸机是空中力量对地面和海面实施火力覆盖的主要力量,因为轰炸机能够装载大量的弹药,而且有很强的续航能力。

未来的轰炸机将具有更好的隐身性,更大载弹量,更远的航程,成为空中

B-2隐形轰炸机

名副其实的超级隐形巨无霸。未来的轰炸机装备有燃烧冲压式发动机,飞行速度可达5~10马赫,能在数小时内对世界任何地点的目标实施轰炸。

四、未来的运输机

未来战场变幻莫测,如何把作战物资快速投放到己方作战后方,一直是军方考虑的重要问题。未来的运输机也将是隐身化的,还将配备超级发动机,飞行速度可达5马赫,载重量可达几千吨,可直接装载重型武器装

安-225超大型运输机

备,还具有更远的航行能力,不用空中加油就可以到达地球的任一角落,并具有短距离起降能力。

五、未来的预警机

预警机实际上就是安装有警戒雷达和通讯设备的飞机,是一个空中侦察、指挥平台。它的主要功能是搜索、监视战场,指挥引导作战飞机实施作战任务。

预警机

未来的预警机能在远离作战区域的条件下,监视更广泛的战场区域,监视面积可达数百万平方千米;能够长时间在空中滞留;借助于先进的雷达设备、计算机设备、网络设备,未来的预警机能够把所监视目标的全部信息,高清晰度地向指挥中心显示出来;还能够全景显示己方作战飞机的相对位置和队形。

六、未来战机的弹药

未来的战机将主要装配精确制导弹药,不论是对空还是对地攻击,一律实施精确打击。未来的精确制导弹药,将更加灵活、准确,实现"一个目标不会浪费两颗子弹"。这意味着,一旦对方战机被锁定,就很难有生存希望。

未来的战机将载新概念武器。新概念武器,如激光武器、电磁脉冲武器、高速动能武器,也将陆续被应用到战斗机上,使战斗机的攻击能力大大提高。

第五节　未来天军的兵器

如今，人类通过宇宙飞船、航天飞机、空间站等太空运载工具，实现了遨游太空的梦想。人类的足迹开始频繁地在太空出现，似乎有人的地方，就会有兵器，2008年中国利用导弹把一颗废旧的卫星击落，时隔不久美国海军在海上也发射了一颗导弹，也击落了一颗高速运转的卫星，人类的武器开始在太空现身。太空这一净土，在未来也可能变成人类涉足的战场。随着人类技术的深入发展，各式各样的太空型天利器将会大量涌现。人类制造的飞船、航天飞机、空间站等太空平台，将会作为定向能武器、动能武器等太空兵器的作战平台，充分展示自己的军事价值。

美国推出的各种反卫星方案

一、天基定向能武器

天基定向能武器包括激光武器、粒子束武器和微波武器。定向能武器具有速度快、精度高、威力大、可控性强等特点。

1. 天基激光武器

激光武器是一种利用激光的热能直接

天基高能激光武器

杀伤敌人的定向能武器，是未来天军实施太空战的理想武器。天基激光武器，射击无需提前量，移火力快。速度将达到30万千米/秒，任何太空中的军事目标包括导弹、卫星等，在天基激光武器面前，都将难逃杀身之祸。激光武器的另一大优点是射击精度高，可以无限次发射。

2. 天基粒子束武器

粒子束武器，是指通过特殊的物理技术手段，将电子、质子或离子加速

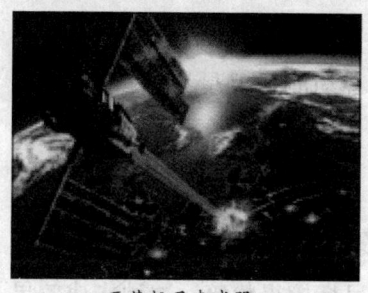

天基粒子束武器

到光速,并聚集成密集的束流,然后直接射向目标,以束流的动能或其他效能杀伤、破坏目标。天基粒子束武器与激光武器一样具有速度快、能量大、反应快的特点。粒子武器比激光武器的厉害之处是具有更大的动能和贯穿力。

3. 天基微波武器

微波武器又称射频武器,它利用高频微波发射机或天线发射高强度的微波射束来杀伤人员或者武器装备。微波武器与其他定向能武器不同,它对目标进行的是软杀伤,主要干扰敌人武器的电子系统。这种武器不需要太多的能量。另外,微波武器射束的波斑比激光波速的光斑大得多,因而具有较大的打击面,瞄准的精度要求也相对较低。这有利于对近距离快速移动的目标进行攻击。

天基微波武器

二、天基动能武器

动能武器是利用超高速运动的实心弹头,通过直接碰撞产生巨大的动

天基卫星动能武器

美国天基动能拦截导弹

能来杀伤目标的武器。动能武器由动力系统、弹头（弹丸）、探测器、制导和控制系统等部分组成，未来的动能武器主要有动能反卫星导弹、天基电磁炮、天基动能拦截导弹等。

1. 动能反卫星导弹

与目前人类使用的反卫星导弹不同，它没有战斗部，只是一个实心"弹头"，靠巨大的推力，产生巨大的动能，把敌方目标撞得粉碎。这种作战效果类似于高速飞行的飞机与空中飞鸟相撞，结果机毁鸟亡。动能反卫星导弹，可以在地面、海上、太空上部署，用于攻击卫星。

2. 天基动能拦截导弹

这种拦截导弹，是安装在太空上的，它能够把敌方的导弹消灭在助推阶段，具有全球防御的能力。在它的威严之下，任何地面上被发现的导弹，都别想发射成功。

3. 天基电磁炮

天基电磁炮是利用电磁场加速的动能武器系统。电磁炮能突破常规炮弹初速最高 900 米/秒的极限。电磁炮弹速度更快、射程更远、精度更高、动能更大。该武器能使敌方的通信系统、网络系统、电力系统陷入瘫痪。

三、"反卫星"卫星

"反卫星"卫星具有轨道推进器跟踪与识别装置和杀伤战斗部，能接近与识别敌方的间谍卫星，并通过自身的爆炸产生的大量碎片将敌方的卫星破坏击毁。早在 20 世纪 60~70 年代，美国和苏联就开始了反卫星的研究和实验。

1971 年，苏联从丘拉坦火箭

苏联在80年代研制的太空武器能发射很多小球摧毁轨道卫星

基地发射了"宇宙-462号"卫星,它的运行速度极快,几个小时便赶上了4天前就送入250公里高空轨道的"宇宙-459号"卫星。这时,"宇宙-462号"突然自行爆炸成了13块碎片,将"宇宙-459号"卫星撞毁。美国航天专家通过大量资料分析,证明这是苏联进行的一次"'反卫星'卫星"试验。这颗"宇宙-462号"卫星便是一颗高空"凶手卫星"。苏联到1977年底已经发射了27颗"'反卫星'卫星",其中有7次成功地"截击"了供试验的目标卫星。在未来的太空战中,天军将使用太空雷、杀伤卫星等"反卫星"卫星兵器。

寄生星

1. 太空雷

地面上有地雷,水中有水雷,同样太空中也可以放太空雷。未来的太空雷,也有引信和炸药,而且智能化,在轨道运行过程中,能实时识别跟踪目标,并主动向目标靠近,然后自行引爆,成为名副其实的"天路"杀手。

我国研制的寄生星(又叫太空雷)是用火箭发射到太空的,一箭能发几十颗。寄生星在太空轨道上等着敌国的卫星,等到敌国卫星来到时,就趴上去,平时趴着不动,战时可以随时摧毁敌国卫星。寄生星是我国独有的法宝,美国和俄罗斯还没有研制出来。现代战争越来越依赖于卫星导航,破坏了敌方的卫星导航系统,敌方的武器就会变成瞎子而无用武之地。太空战是未来战争的焦点,所以各国都在太空战上下工夫。反卫星武器是目前最常用的手段,中国和美国都进行了导弹打卫星的成功试验,但导弹打卫星的成本太高,不如在太空中部署"寄生星"或"太空雷"合算。

2. 杀伤卫星

杀伤卫星主要用来摧毁近地轨道上的敌人卫星。这种卫星依靠轨道机动推进系统在近地轨道上飞行，能自动识别敌我卫星，发现敌人卫星之后，就会启动自带的动能杀伤兵器予以摧毁。

第六节 超常规的兵器

以信息技术为先导的高新技术群的飞速发展，催生和促进了一大批工作原理、破坏机理与传统武器有着显著区别的超常规兵器。超常规兵器可大幅度提高作战效能与效费比。超常规武器的陆续涌现，不仅对军事理论、军队体制编制和战争形态产生了广泛而又深远的影响，而且还将改变未来战争的样式。科学家和军事家们预测，未来战争将有10大超常规武器称雄战场。

一、太阳武器：从"神话"走向现实

太阳具有神奇的力量，它给地球带来了温暖和光明。然而，进入20世纪以来，人类开始把太阳用于军事领域。世界各发达国家纷纷加快了对太阳武器研究的步伐。太阳武器，就是利用太阳光来消灭敌方的武器。实际上利用太阳光作为武器，早就使用过。1994年俄罗斯卫星曾在轨道上安放了一面镜片，镜片的反射光在夜间擦过地球，这说明目前的技术已经能够在4万米高空集中镜面反射光。据计算，聚焦的热源中心温度可达数千度。这种武器一旦用于战争，足以使敌方目标灰飞烟灭。

美航空航天局上世纪末设想的太阳能塔能聚集巨大的太阳能

未来太阳武器将主要应用在以下几个方面：一是利用太阳光改变夜间地面战场条件，为地面作战提供帮助。即在夜间战场上，在有利时机对某一地区进行调控，使对方的作战部署失去夜幕的掩护，使夜视器材丧失功能，进而陷入被动挨打的境地。二是通过太阳武器改

变敌方人员的生物节律,实现生理性摧毁。即利用太空反射镜等对敌人实施持续不间断的持续照射,进而从生理和心理上摧毁敌人的斗志,使敌人彻底丧失战斗力。三是利用太阳武器对敌方军事目标进行直接杀伤。通过对敌目标进行强光照射,使其遭损伤或焚毁。这种方式不但可以灼伤敌人的有生力量,也可使敌方弹药库、油料补给设施等发生爆炸,甚至可使敌人武器系统因高温攻击而全部化为铁水。

二、基因武器:吓人的"廉价核炸弹"

基因是一种被称为脱氧核糖核酸的物质,其中隐藏着人类生命和遗传的"密码"。军事领域的基因武器就是运用基因工程技术,重新排列DNA中核苷酸顺序,人为地把一些特殊的致命基因转移到微生物体内,培育出一种新型种群灭绝武器。

同其他武器相比,基因武器有几个显著特点:一是威力巨大。国外有人把基因武器与核武器相比较后认为:用5000万美元建立一个基因武器库,其杀伤破坏力将远远超过一座50亿美元建立的核武器库。二是不易防御,而且被伤害后难以救治。

基因武器发射

由于基因武器可以借助于水、植物、动物、食品等一切媒介迅速传播,因而难以防护,而且一旦中毒很难破译基因密码,一般药物及普通疫苗预防也难以救治。三是成本低廉,易于制造。随着科技的空前发展,特别是生物技术的发展,制造"基因武器"的能力会越来越强,传传播途径越来越复杂。四是使用方便。基因武器可以用人工、普通火炮、军舰、飞机、气球或导弹进行投放,既可以投在前方战场,也可以投放到对方后方的江河湖泊、城市或交通要地。一旦这些疾病迅速传播开来,就会使敌方的后方支援和保障体系瘫痪。五是杀伤范围可控。由于基因武器的致病病菌具有人类种群特征上的差异,因此它可以只对某种特定人种起伤害作用,而不伤及其他人种。

三、闪光武器:开拓"无声战争"

目前,世界上已研制成功的闪光武器主要包括以下两种类型:

1. 高亮度弧光武器

这种武器能够在一定距离内,发射出五颜六色、扑朔迷离的耀眼炫目的强烈闪光,使敌方眼花缭乱、视线模糊,造成严重的心理失衡,并在极度的恐惧中被动挨打。随着军事高技术的发展,这种武器将可能被作为一种常见的心理战武器,广泛地运用于战场。目前,国外在发展这种武器的同时,正在考虑将其与激光武器结合使用,即在战场上每部弧光发生器所及的范围内,同时使用激光武器进行攻击。这样,在若干年后的战场上,在很多重大的作战行动中,敌对双方将很少再听到那刺耳的爆炸声。双方进行的将是无声的"激战"。

闪光弹

2. 光炸弹

这种炸弹的闪光极亮,可使人致盲达1小时之久;它既可以空投,也可用常规火炮和迫击炮发射。美国海军研究的用于舰船上的闪光弹药,能用127毫米火炮发射,利用炸药的能量产生光束,可使敌方的反舰导弹的光学系统致盲。

四、次声武器:使人精神失常

次声波是频率为 0.0001~20 赫兹的声波,这个频段通常是人耳听不到的。由于人体各部位都存在细微而有节奏的脉动,这种脉动频率一般为 2~16 赫兹,如内脏为 4~6 赫兹,头部为 8~12 赫兹等,而且人体的这些固有频率正好在次声波的频率范围内,一旦大功率的次声波作用于

次声波使敌人精神失常

人体,就会引起人体强烈的共振,从而造成极大的伤害。谈到共振的破坏力,可能不少读者都知道在19世纪的欧洲,曾多次发生过士兵齐步过桥引发桥体共振,使大桥倒塌的悲剧。坚固的大桥都可以毁于共振,何况血肉之躯呢!次声武器就是利用频率低于20赫兹的次声波与人体发生共振,使共振的器官或部位发生位移或变形而造成人体

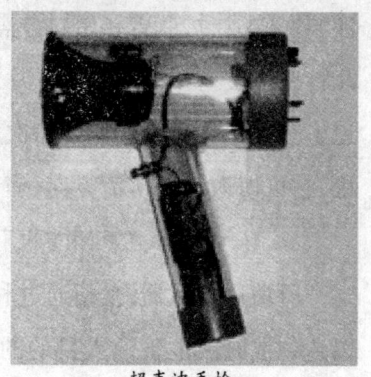

超声波手枪

损伤以至死亡的。在自然界和人类活动中广泛存在着次声波,人们正是通过次声波引发的破坏现象逐步认识它的神奇威力的。

次声武器与传统的枪炮不同,它不使用弹药,而是靠发射人耳听不到眼睛看不见的次声波来杀伤有生目标。用声音杀人,这已不是什么新鲜事。早在1972年,法国通过试验就已经证实,频率为7赫兹的次声波就足以使人丧命。如今,随着科学技术的进一步发展,西方一些发达国家已经开始研制威力更大、杀伤范围更广的新型声音武器。这种新型声控武器通过发射一定频率的能量就能使敌方有生力量和无线电电子设备完全瘫痪。据报道,美军已研制成功一种被称为"声音聚光灯"的声音武器。它能发出高度定向的声音,听起来好像就来自你的面前,但事实上它很可能是从数千米之外发出的。利用这一技术,美军正在开发功能更为强大的声音武器——定向跟踪发射器。其形状就好像一挺机枪,但它射出来的不是子弹,而是高分贝的声音,它能扰乱人的判断力,使人精神失常。

美国还将次声波用于小型非致命武器的开发上。早在20世纪70年代,美警方就开发了用于控制骚乱人群的次声武器,也称使人"僵化"或失去战斗力的次声枪。20世纪90年代,一些科研机构在美军方资助下专门研制小型化的高功率次声发生器,并进行了战场模拟试验。1995年底美国出兵干

涉波黑内战时,就曾秘密对波黑塞军阵地进行过非致命的次声攻击。据称,几秒钟就使塞军阵地陷入一片混乱,有人昏倒,有人呕吐不止。1998年又报道了美国正在研制的非致命次声武器的试验情况。这种武器为手持式次声枪,它可使人难以辨清方向、痛苦、恶心。

五、环境武器:"风雨雷电"也会被驾驭

所谓环境武器,是指通过利用或改变自然环境状态所产生的巨大能量,以达到战胜或危害敌人目的的武器。战争总是在一定的自然环境中进行,纵观古今中外的战争,利用环境作战的先例比比皆是。

随着科学技术的迅猛发展,人们已有更强的能力在战争中,借助先进技术来呼风唤雨,令人工自然灾害降临到敌方头上。就目前来看,研制中的环境武器主要分为三种类型:

1. 气象型环境武器

利用云和大气中微粒的微观不稳定性,人为地制造出洪水、干旱、闪电、冰雹和大雾;利用风能、潮汐能等人为地制造海啸、海浪;利用大气的垂直不稳定性,人工引起飓风、龙卷风以及台风等自然灾害,进而对人和生物等造成危害。

2. 地震作用型环境武器

地壳中隐藏的热应力分布不均,具有极强的不稳定性。因此,通过人为激发可以诱发"人造地震"。实验证明,当量为10万吨TNT当量的核爆炸相当于里氏6.1级地震,而100万吨TNT的核爆炸可能引发里氏6.9级地震。

3. 生态型环境武器

通过向敌方地区撒播能阻止地球表面热量散发的化学物质,使敌国的大片领土地变成干燥的沙漠,导致生态环境变化;还可以把大量的溴或氯释放到敌方上空的同温层,破坏臭氧层,使之形成"空洞",让大量的紫外线辐射到敌国领土,导致各种生物受到影响,致使敌国饱受饥荒之苦。

六、激光武器：人称"死光"武器

激光是一种方向性好，能量集中的光。激光武器正是利用激光的这种特性，以光的速度，将强大的光能以直线形式射向目标。一旦目标被射中，目标上的激光光斑将在目标表面迅速产生巨大的热能，出现融化、激化甚至电离现象。这种威力巨大的武器完全可以迅速将对方置于死地，所以有人称之为死光武器。激光武器是当前所谓超常规武器中理论最成熟、发展最迅速、最具实战价值的前卫武器。它以无后坐、无污染、直接命中等诸多优点成为发达国家研制中的重点武器。激光武器将主要用于对付高速小型目标，同时还将广泛用于破坏敌方光学系统和摧毁红外制导系统。

美13年打造新微波武器，没人能忍受超5秒钟

七、微波武器：透过"墙缝"杀人的武器

微波武器是利用高功率微波束毁坏敌方电子设备和杀伤人员的定向能武器，用作武器的微波，波长通常在30厘米至3厘米之间，具有非常强大的穿透力，可以在远距离透过墙缝攻击房中的敌方目标。它由高功率发射机、大型发射天线和辅助设备组成。当超高功率微波聚集成一束很窄的电磁波时，它就像一把尖刀"刺"向目标，达到毁伤目标之目的。其破坏的对象主要是对方的电子系统。高功率的微波武器还能使人精神错乱、内脏衰竭、行为失常，严重的可导致人死亡。

美国的地面大功率激光发射器

八、纳米武器

什么是纳米？它是个长度单位。1纳米有多长？相当于一根头发直径的6万分之一！西游记中，孙悟空经常变成蚊子或者苍蝇等小昆虫钻进妖怪的口中和肚子里，轻轻松松就把妖怪给制服了。孙悟空的这种本领让很多武林大侠垂涎三尺，只是这本领在古时候是可想而不可为的。但是随着人类纳米技术的发展，运用纳米技术制造的纳米武器开始具备了孙悟空的这种特殊本领。

用纳米技术制造的武器很小，现在美国最先进战斗机上的全部电子系统，若采用纳米技术，可以集成在一块很小的芯片上。也是因为体积小，纳米武器的隐蔽性很高，可"潜伏"在敌方关键设备中几十年而不被发现。纳米器件的运行速度比半导体器件快1000倍，因此其攻击速度和威力相当惊人。

随着纳米技术的不断成熟，在未来战场上将出现各式各样的袖珍侦察机、战斗机等武器。作为21世纪一项关键技术，美国开发纳米技术的经费中有一半左右来自国防部系统。欧洲有关纳米技术的一项军事研究计划已在法国一个实验室开始起步。预计21世纪利用纳米技术开发的微型武器将充斥未来战场。

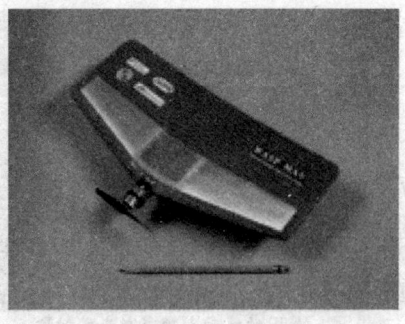

"黄蜂"微型无人侦察机

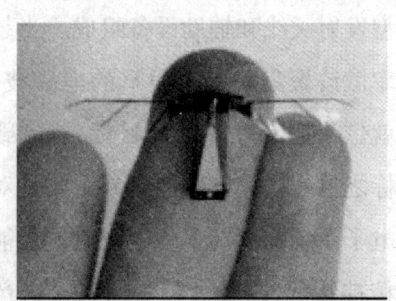

更微小的"昆虫"无人侦察机

军事小天才
Jun Shi Xiao Tian Cai

未来,"纳米卫星"将布满天空。这种卫星比麻雀略大,质量不足0.1千克,各种部件全部用纳米材料制造,采用最先进的微机电一体化集成技术整合,具有可重组性和再生性,成本低、质量好、可靠性强。例如"蚊子导弹"是利用纳米技术制造的形如蚊子的微型导弹,可以神不知鬼不觉地潜入目标内部,其威力足以炸毁敌方火炮、坦克、飞机、指挥部和弹药库等。"袖珍飞机"是一种如同苍蝇般大小的袖珍飞行器,可携带各种探测设备,具有信息处理、导航和通信能力。其主要功能是秘密部署到敌方信息系统和武器系统的内部或附近,监视敌方情况。"蚂蚁士兵"是一种通过声波控制的微型机器人,这些机器人比蚂蚁还要小,但具有惊人的破坏力。它们可以通过各种途径钻进敌方武器装备中,长期潜伏下来。所有这些纳米武器组配起来,就建成了一支独具一格的"微型军团"。

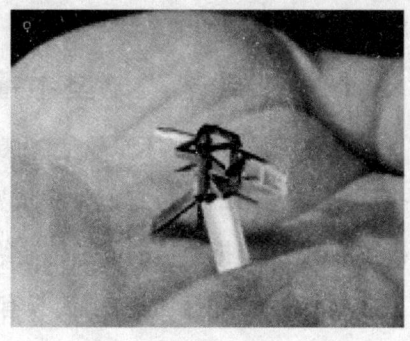

放在掌心的"昆虫侦察机"

在五角大楼的要求下,美国纳米技术专家纳德勒曾主持了一次电脑模拟的纳米武器作战演习:"战争"发生在2010年,美国与"敌方"的飞机、坦克、大炮在战场上频繁调动。在双方剑拔弩张时,天空中出现了许多"苍蝇"、"黄蜂"等"小昆虫",地面上也有数以万计的"蚂蚁"。这些"小动物"有的在战场上空盘旋,有的则直接进入敌方的指挥机关、雷达站、弹药库等。突然间,随着"轰"地一声巨响,"敌方"弹药库率先爆炸。紧接着,敌方指挥通信系统也莫名其妙地炸开了花,在前线待命的飞机、坦克和航母,因接不到指令、失去弹药和能源补给,全都成了废铁……那些"苍蝇"、"黄蜂"和"蚂蚁",就是

粒子束武器

第四章 未来战场上的兵器

纳德勒正在研制的纳米武器。

九、粒子束武器:"无坚不摧"的刑天利器

粒子束武器的破坏原理是,用粒子加速器把粒子源产生的粒子,加速到接近光速,并用磁场将它们聚焦成密集的束流,然后射向远距离的目标,在极短的时间内,把大量的能量传输给目标。

粒子束武器射出的粒子流具有很大的动能,能够穿透各种目标的外壳并产生热破裂。其效果就像用一块烧红的烙铁突然放到冰块上一样,使烙铁与冰块的接触处迅速融化、汽化、猛然向外飞溅,同时还使冰块破裂。这种热破裂的杀伤力很大,如果坦克被击中,热破裂可以杀死坦克内的所有成员。可以说,粒子束无坚不摧。这种武器主要由高能电源、粒子产生装置、加速器和电磁透镜组成。它具有快速、高能、灵活、干净和全天候的特点,可在极短时间内命中目标,适合于对付远距离调整飞行的洲际弹道导弹。

十、芯片武器:使敌人"大脑"错乱

芯片是构成计算机系统的最小器件单元,是计算机系统的核心部件。芯片武器是在计算机中央处理器做手脚,使对手的指挥系统受制于人。一旦敌人的指挥系统被芯片武器攻击,敌人的作战体系就会陷入瘫痪,就像得了脑震荡的病人一样,不能协调地行动。其主要特点有:

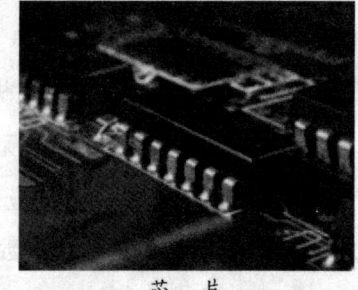

芯 片

1. 隐蔽性

芯片武器犹如人体心脏、军队指挥中心,但在世界武器和高技术产品贸易中,要发现这些暗藏的"组件"非常困难,因为芯片体积非常小。战时,发现何时这些部件被启动更加困难。

2. 信息性

通过与芯片武器的进行信息沟通,来窃取敌人情报,破坏对手信息系统

的安全和稳定,从而为实施"硬杀伤"奠定基础。

3. 广泛性

在未来战争中,芯片武器攻击将不只是战略系统,对战役、战术系统的攻击程度也会急剧增加。由于芯片武器可避免大规模的伤亡,为最后取得胜利创造有利条件,因而在未来战场中将得到更为广泛的应用。

第五章　未来战争的特征

战争形态随着人类社会的进步和科学的发展而发展,人类的战争行为与人类的生产活动密切相关。以新技术为核心的高新技术正在改变着战争的方式。未来战争最突出的特点将表现为信息主导化、战场空间多维化、作战行动快速化、战场透明化、作战手段智能化、对抗体系化等方面。

第一节　信息主导化

武器装备决定着战争形态,有什么样的武器装备,就会有什么样的战争形态。在工业时代,进行战争的手段主要是飞机、舰艇、坦克、火炮、导弹等硬杀伤武器装备,虽然它们也含有电子信息技术的成分,但其含量并不高。而信息化时代的战争手段,则在此基础上发生了质的飞跃,战争手段不再仅仅是钢铁庞然大物,而是精巧的智能化武器和设备。信息时代的战争工具主要是信息化武器装备。信息化武器装备的主要特征是实现了武器装备的信息化、智能化和一体化。工业时代所进行的机械化战争,强调的是火力的运用,需要的是钢铁。而信息时代进行的战争,则十分注重打击对方的信息设施,强调的是信息的控制。

陆战平台的电子信息系统

一、战争手段趋向信息化

1. 作战兵器的信息化程度大大提高

未来战争将是一场控制"信息资源"的较量,要求武器平台具有非常高的信息化程度,以适应战争的需要。信息化作战兵器不仅装备有多种传感设备,以便探测敌方目标,为实施精确的火力打击提供目标信息,而且还有足够的计算机系统及联网能力,能为各种作战行动及时而有效地提供辅助信息。信息化作战兵器除了能充分地利用己方和敌方的信息外,还有侦察、干扰、欺骗的功能,有不使敌方利用己方信息的能力。

2. 智能型精确制导弹药将普遍应用

目前,国外大量装备的精确制导弹药大都属于第三代,存在着一定的缺陷。比如:反坦克导弹需要人员在近距内操纵才能命中目标;空空导弹采用的是半主动雷达制导,需要机载雷达连续跟踪照射。而

历史上最大规模的计算机网络战演习已在美国进行

未来的精确制导弹药将实现智能化,即:武器系统具有自主能力,能自动完成对目标的探测、分析、攻击和评估。从发射制导体制来看,将采用惯性+雷达主动末制导技术,具有"发射后不管"、自主识别和进行多目标攻击任务的能力。

3. 电子计算机成为重要的软杀伤武器

电子计算机具有特殊的作用和机理,它是在计算机网络上进行战争、争夺制信息权的主要工具。在未来信息化战争中,只需敲击计算机键盘就可能达到攻击对方军事枢纽、破坏经济命脉等多种目的。虚拟现实技术的发展,使计算机这种战争工具更具威力。利用计算

信息在未来战争中起着主导作用

军事小天才
Jun Shi Xiao Tian Cai

生成图像技术将真人图像进行剪接，可以很容易地实施欺骗。比如："制造"一场"真实"的新闻发布会、首脑会议，甚至一次实际上根本不存在的决定性作战，以产生任何所需要的效果，使敌方在视听方面产生错觉。其结果会"超过1000辆坦克的威力"。因此，电子计算机是未来战争中最重要的软杀伤武器。

信息作战部队对"敌"实施电磁干扰在主要方向和重要时段取得制信息权

二、制信息权成为制高点

信息时代的信息化战争，与冷兵器战争、热兵器战争、机械化战争相比，最本质的区别是：战场的信息要素已经从以前的辅助因素，转变成能直接决定战争胜负的主导因素。正如人们常说的，在信息化战争中，信息成为部队战斗力的核心要素，制信息权也继而成为凌驾制空权、制海权、制陆权之上的战场制高点。所谓制信息权，是指运用以信息技术为核心的战场认识系统、通信系统、指挥控制系统和火力打击系统等来夺取战场信息的获取权、使用权和控制权。战争中，虽然传统的火力、防护力和机动力仍是战斗力的重要组成部分，但已经不处在核心位置，取而代之的是信息。首先并始终夺取战场制信息权、保持战场信息优势，成了信息化战场上交战双方争夺的第一焦点。

制信息权主导着制空权、制陆权、制海权、制天权等主动权的争夺。没有制信息权，也就没有战争的控制权和主动权，只能被动挨打。所以，信息进攻和防护的斗争将贯穿于战争的始终，是交战双方争夺的中心。信息化战场已经打破了机械化战争那种陆战场、海战场、空战场等单一的战场格

局,使作战成为作战体系间的较量。在这种体系与体系的整体较量中,任何一个作战领域的主动权都不能左右整个战场局势,无论是陆战场、空战场还是海战场都必须依靠作战体系这个大系统进行整体协调和运作战争。而制信息权作为主导和沟通陆、海、空战场上一层位的战场主动权,显然会成为交战双方争夺的焦点。

信息化战争中,信息要素之所以能成为构成战斗力的首要因素,根本原因是:部队能够以信息为主要手段,通过"信息流"控制"物质流"和"能量流",从而决定性地导致战争或胜或败。农业时代的冷兵器战争,能量释放主要是靠人的体能,拥有体能优势的一方常常是战斗力强的一方;工业时代的机械化战争,能量释放形态是热能,拥有热能大的部队一般地说战斗力也比较强;而信息时代是智能型战争,是信息制约下的能量释放,它不仅讲究能量释放的大小,而且更加讲究能量释放的准确。作战一方如果没有信息优势和制信息权,其能量就难以得到充分和有效的释放,有时甚至就根本无处释放。

海湾战争中,以美国为首的多国部队首先发动代号为"白雪"的信息作战行动,致使伊拉克军队的雷达迷盲、通信中断、武器失控、指挥失灵。由于伊军指挥系统瘫痪,最后甚至出现了战争已经结束几天,而前线的伊军士兵都不知晓的情况。

"兵马未动,粮草先行"道出了古时作战后勤保障的重要地位。在信息化战争中,此话应当改为"兵马未动,信息先行"。海湾战争之后的科索沃战争、阿富汗战争和伊拉克战争,虽然力量的悬殊差距,使战争出现了一边倒的情况和结局,但是美军在作战中保持信息优势、争夺制信息权的努力丝毫没有减弱。在上百颗各种军用和商用卫星的支持下,美军所有空袭行动之前都伴有大规模的电子干扰、电子摧毁和欺骗攻击,电子战飞机在前开辟空中安全走廊,轰炸机紧随其后投掷精确制导弹药,几乎成了约定俗成的作战模式。

第二节 战场空间多维化

  战场空间是战争活动赖以展开的空间依托。科学技术的发展,极大地扩展了兵力、兵器作战的空间性能,大大提高了对敌人的持续打击能力、快速的信息处理与分发能力,使战场空间形态发生巨大变化。从人类战争史看,战场空间发展的基本轨迹有两个趋势:一是人类战争领域由单纯的陆地空间,逐步向"海、空、天、电、网"等多维空间拓展。人类未来作战空间范围已经由陆地、海洋、空中扩展到外层空间,单维的战场空间的发展趋势是从平面到立体,并伴

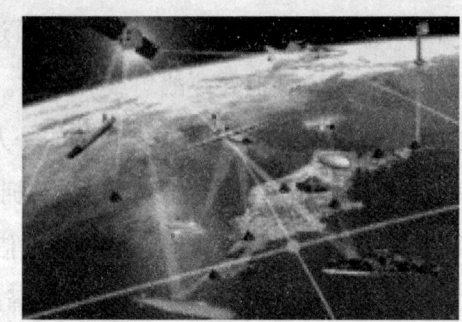

多维战场空间

随从有形到无形空间的发展。二是伴随多维战场空间的出现,各个战场空间内的作战总是通过某种形式与其他战场空间发生必然的联系。在多维战场空间作战效果的融合中,陆地、空中、海洋、外层空间、电磁和网络空间等单一战场空间的作战威力获得了前所未有的增强。这就是说战场空间整体发展趋势是从分隔独立到多维一体。总的来讲,未来战争的战场空间的主要特点是多维化。

一、由"陆、海、空、天、电、网"组成的多维战场空间

  1. 未来的陆战场

  陆战场是人类战争最早涉及的作战空间,在未来战争中,陆战场地位虽然有所降低,但它依然是其他战场空间不可或缺的依托,依然是最终达成战争目的的重要场所,依然是地面部队交战的主要作战空间,是与海战场、空战场、电磁战场等相并列的多维战场之一。2003 年爆发的最具有未来战争

特点的伊拉克战争也证明了这一点。

未来战争中,以高技术为基础的地面作战的攻击力、机动力和防护力更为增强,未来地面部队的支援火炮、中、短程导弹和地地远程导弹,可对40～800公里范围内的目标实施精确打击。装甲部队的机动速度可达每小时60～120公里,陆战场将呈现强火力、机械化、大纵深、精确火力杀伤的特点。由于未来地面部队具有火力

驻关岛美国海军在进行演习

毁伤强度大、机动速度快、打击精确度高的作战能力,陆战场的交战观念将由机械化战争时期的靠数量取胜转变为靠质量取胜。以精确的信息、火力打击为主要手段的具有特种作战特点的"点穴式精确打击"作战模式将成为未来陆战场的主要作战模式。从海湾战争到阿富汗战争、伊拉克战争的战争实践,也显示了陆战场交战模式的发展。未来的陆战场不再只是两军对垒、攻防厮杀的近战战场,而是纵横万里的兵力机动、远距离火力打击,以及翼侧、侧后大距离的迂回攻击等大纵深作战,前沿和后方的界线趋向模糊的高立体、大纵深的战场。

2. 未来的海战场

尽管早在两千多年前的古希腊和波斯帝国战争中,海战就成为整个战争的重要组成部分,但直到20世纪初,海战场一直处于从属或服务陆战场的地位。在第二次世界大战中,独立的海战场才正式出现,并成为与陆战场相并列的重要战场空间之一。在20世纪后期,随着高技术群的发展,大批量的舰载飞机能力、超视距导弹战能力和高效能的

陆军正在进行立体攻防作战演练

两栖作战能力，使海战场成为海战、空战、陆战、天战、电子战和网络战的浮动基地，一个海上与海下、海面上空、海上陆地一体化的海战场体系逐渐形成。从1982年的英阿马岛战争、1986年美军突袭利比亚"黄金谷行动"、海湾战争到科索沃战争、阿富汗战争和伊拉克战争，都表明海战场

空中作战机群

已经成为具有纵深覆盖全球、范围涉及海上海下、交战节奏紧凑的特点的重要作战空间。在未来战争中，海战场与其他战场的联系更加紧密，是维护国家海洋权益的主战场，是实施超视距精确火力打击的重要场所和快速大规模投送作战力量的有效渠道。

3. 未来的空战场

空战场是随着飞机的出现而出现的，它是连接外层空间与陆、海战场的纽带，在多维化战场中起着承上启下的作用。随着航空武器装备系统和导航定位系统、观测探测系统的发展，空战场正向全天候、高机动方向发展。随着航空作战平台武器弹药，特别是空基精确制导导弹的发展，空战场的空间范围急剧膨胀。未来空战场的范围高度可达几米到几万米，作战距离可达上万公里。1986年，奔袭利比亚的美国空军战略轰炸机群远程往返达1.2万余公里。海湾战争、科索沃战争、阿富汗战争和伊拉克战争中，都有作战机群从远在万里之外的美国本土或欧洲基地参与作战行动。智能化的航空武器弹药实现了远距离发射，"打了不用管"，命中精度在几米范围内，使空战场具有了全天候、全天时、全方位、全高度的作战特征。在未来战争中空战场是争夺战争主动权的关键战场，是电磁空间战场作战的重要依托，也是作战力量投送的重要空间。空中侦察、空中电磁对抗、空中指挥、空中突击、空中机动、空降作战等通过空战场实施的作战，将在战场中扮演重要角色。

4. 未来的电磁空间战场

高技术兵器大量充斥战场,导致在时域和空域中又叠加了一个频域,即电磁战场。20世纪80年代以来,随着微电子技术和计算机技术的发展,电子设备成为各种武器装备的核心装备,电磁领域的对抗已经密布于各个作战空间。军队的指挥、控制、通信、情报系统和各种武器系统、作战平台,以及军队作战所依赖的侦察、监视、干扰、搜索、识别、定位和火力打击等各个方面的电磁对抗日趋激烈。所有的作战行动都将伴随着激烈的电磁对抗,使现代战争的战场空间突破了传统的陆、海、空地理战场空间,延伸到电磁频谱斗争领域。

随着以电磁形式存在的战场信息成为未来战争的主角,电磁空间作为未来战争的作战空间基本成型。未来的信息化战争中,电磁空间的利用更加充分和复杂,将充满激烈的电子侦察与反侦察、电子干扰与反干扰、电子制导与反制导、电子摧毁与反摧毁的斗争。电子技术装备所利用的电磁频谱将覆盖从短波、微波、毫米波、亚毫米波、红外到可见光等全部频谱。而且,电磁空间将全方位地向其他所有空间扩展,并相互渗透,充斥其间。

电磁战场展开不见硝烟的无形对抗

5. 未来的太空战场

随着高技术特别是航空航天技术的发展,军用航天器逐步形成了攻防兼备的作战力量,天战场逐渐形成。海湾战争中以美国为首的多国部队使用了100多颗卫星,为其他空间战场作战提供90%的战略情报和大部分目标资料情报,以及部分精确制导武器的导航定位支援。为此太空战场所具

有的优势地位进一步为世界各国所认识,并成为军事领域新的制高点。

美国、俄罗斯先后组建了联合航天部队,并对太空的军事应用进行了广泛开发。美国太空委员会发表报告指出太空将成为21世纪的战场。2001年1月,美国空军在科罗拉洲的空军基地秘密举行了电脑模拟太空战演习,使太空

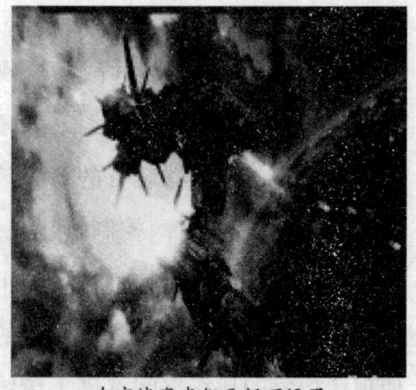

太空战离我们已经不远了

战从纯科学概念演变为实战计划,这标志着太空战场的逐步形成。阿富汗战争和伊拉克战争中,美军的空中、海上、陆地和电磁空间的军事活动,特别是军队的指挥、控制、通信和情报系统,以及导航、侦察监视、预警测绘和气象观察等,都得到了太空战场军事系统的强力支援。即使在和平时期,空间力量也能合法地在他国领土上空进行军事活动,不受国际法规的约束,美军称之为"非侵入性前沿存在"。可以预见,由于太空战场所具有的"高位"优势,在未来战争中,没有制天权,也就不会有完整的制空权、制海权等其他控制战场空间的能力,也就难以取得战争的胜利。

6. 未来的网络空间战场

未来战争中,各种战场信息的传输和处理依赖于战场计算机网络,计算机网络将各个作战地域、各个作战时段内的作战部队、作战平台、保障力量连接在一起。在2003年的伊拉克战争中,美军参战的所有作战平台,如装甲车辆、飞机、

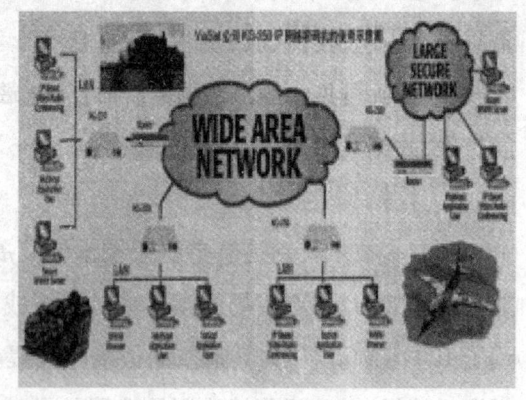

网络将作战部队链接成为有机整体

舰艇、战场指挥控制系统等,就是通过安装在其中的计算机网络系统连接为有机的整体。在未来战争中,战场计算机信息网络将渗透于侦察监视、通信导航、指挥控制、武器制导、后勤保障等各个领域和各个作战单元。由战场计算机网络系统的软、硬件所构成的战场网络空间又为战争开辟了一个新的作战空间,这就是融合有形(计算机硬件)和无形(信息)空间的网络空间战场。在科索沃战争中,南联盟的计算机专家通过网络入侵的方式,使美国"尼米兹"号航空母舰的计算机系统瘫痪了3个小时。由于信息的生成、处理和传输越来越依赖于计算机网络,未来战争有可能首先在网络空间战场打响。网络攻击与反攻击、网络渗透与反渗透将是网络空间作战的主要方式。

二、网络信息技术使多维战场空间实现了"融合"

在未来的战场上,信息与火力、机动、防护、指挥一起构成了部队战斗力的基本要素,信息充斥于陆、海、空、天、电、网各个作战空间,主导、控制着各个战场空间物质流和能量流的流通,把多维战场空间有效地"链接"成一体。

战场空间的多维一体主要表现为多维战场空间的相互依存与融合,将多维空间连接一起的是各个空间之间战场信息的快速流通与共享。未来作战行动以某一维战场空间为主的局面将不复存在,各个维的战场空间将以平等的身份

数据链把多维战场链接为一体

构成一体化的战场空间。与此同时,整个作战行动,将在陆、海、空、天、电、网多维空间同时展开,即使很小的作战行动,也要同时涉及多个战场空间。

战场对抗呈现地面对抗、空中对抗、海上对抗、空地对抗、海地对抗、海空对抗以及地磁对抗等多种对抗相互交织的复杂局面。作战行动也呈现出诸军兵种共同参与，各种作战力量综合运用，多维战场空间同时进行交战的多维立体交叉行动特点，实现了陆、海、空、天、电、网多维一体的作战。在这个战场上，作战没有固定的主导空间，但根据需要，任意的一种战场空间又可能成为主导空间。也就是说，在未来信息化战场上，作战空间不仅仅是在范围上向大纵深、大立体和全方位扩展，更重要的是在本质上发生了变化，即作战空间趋向一体化。不仅战场的前方、后方、翼侧的界限与区别趋于淡化，而且陆地、海洋、天空和太空等不同种类的战场空间之间的界限和区别也在作战行动过程中趋于淡化。

此外陆、海、空、天、电等不同的作战力量在不同作战空间的流动急剧增加，陆军要担负海、空、天、电、网等空间的作战任务，其他军种也必然会担负在不同空间的作战任务。可见，在战场空间向多维化发展的同时，也在向一体化方向发展，各个战场空间的作战行动呈现出日益增强的相互依存、相互支援、相互制约的多维一体关系。

第三节　作战力量一体化

信息化时代，军事领域的各种要素无不被信息技术有机地"粘贴"在了一起，诸军兵种的力量结构趋于高度的融合，就像"诸个鸡蛋被打破并经过搅拌后的混合体"已经分不清"你我"。军种界限趋于深度的模糊，作战力量已经形成了一个操作性很强的体系或者系统，作战形态也自然表现为一体化联合作战，作战体系中的各作战单元、作战要素能够"互连、互通、互操作"，"触动作战体系中的任何一个部位都会引起整个体系的反应，破坏体系中的任何一个部位都会影响作战体系整体效能的发挥"。

海湾战争、科索沃战争、阿富汗战争、伊拉克战争四场现代化条件下的局部战争快速制胜、压倒性制胜的铁一般的事实，充分展示了一体化作战力量体系的巨大威力，作战中各作战单元和要素构成有机的体系后，作战效能大幅提升，体系中作战单元的战斗效能成倍增长。一体化作战

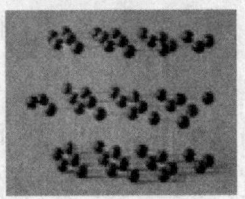

石墨及其原子结构图

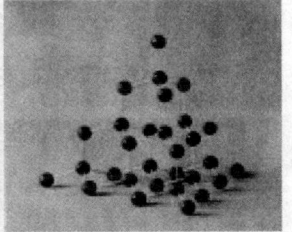

金刚石及其原子结构图

力量体系使传统的作战力量编成很难与之相比较、相抗衡。可以这样形象的比喻：一体化作战力量体系是"金刚石"，而传统的作战力量编成则是"石墨"，因为二者的结构本质上是不同的，尽管成分很相似，很显然"金刚石"有着比"石墨"强得多的硬度。

一、作战力量一体化的表现

1. 军兵种之间的界限将打破

信息化战争中，由于信息技术在战场上广泛应用，军队具备崭新的指挥、控制、通信和情报能力，将使传统的陆、海、空战场连成一个陆、海、空军都可以驰骋的统一作战空间，保障所有参战部队和参战人员能够在统一的作战意图下实施多军种联合作战，从而极大地促进了军队的纵向和横向联系。这种趋势无疑将对传统的军兵种结构造成根本性的冲击，将促使军兵种合成的迅速发展和范围扩大，打破系统与系统间的界限，形成一个协调一致的整体，最终导致真正的陆、海、空一体化部队的形成。

2. 军用与民用技术设备之间的联系更加密切

从装备方面看,在工业时代,坦克、飞机、军舰、火炮是完全独立于民用品之外的纯战争工具,而在信息时代,虽然这些钢铁庞然大物依然存在,但更多、更重要的武器装备却是精巧化、智能化的电子信息设备。而这些军事设备大都与民用产品具有部分或全部的兼容性,所以,许多民用产品都可以作为军事装备为军事服务。

从技术方面看,未来战争的科技含量将继续增加。由于科学技术的军民通用性增强,所以,许多军事技术都能找到相通的民用技术。随着军队对信息系统依赖的加深,随着民用信息通信系统在信息化战争设施中比重的不断增大,民用信息技术将越来越体现出军用性。

3. 军人与平民之间的差别将缩小

工业时代的战争,军人在前方,平民在后方;军人拿枪打仗,平民做工支援,两者界限分明。而在未来的信息化战争中,战场不分前后方,打仗不分是否拿枪。科学家和工程师不仅可以为军队的信息系统提供维护与防护支持,特别是在计算机病毒防治与对抗、与网

一体化的多军种作战力量

络"黑客"的斗争中充分发挥优势,而且可以直接利用军用或民用的通信网络、计算机网络和电视网络,以及各种能产生电磁频谱的器材,施放电磁脉冲、注入计算机病毒、编造各种假图像和假信息,干扰、破坏敌人的电磁频谱输入、输出系统,单独或综合地、直接或间接地实施信息战。

二、网络化的信息系统为作战力量一体化提供了技术支持

网络化的信息系统,是指以计算机为核心的战场感知、信息传输、指挥控制综合网络,通过它可有效地把各个作战单元融合成为一个整体,以便更

好发挥作战的整体效能。工业时代的树状、纵向指挥的通信系统,严重制约了战场信息的搜集、处理和利用,从而阻碍了作战力量的最优聚合,难以达成体系对抗。信息化条件下,网络化的信息系统的形成,能够实现诸军兵种间的信息实时

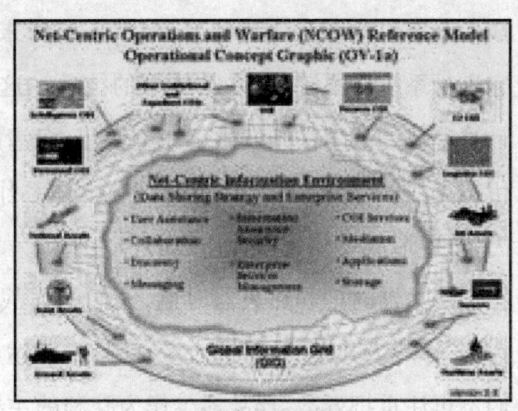

全球信息栅格示意图

共享。当前,最为典型的网络化信息系统是美军的 C^4ISR 系统。信息化战争中,作为主要武器装备的 C^4ISR 系统、信息战装备、精确制导武器和信息化作战平台,通过全球信息栅格进行无缝连接之后,将形成全维度、全天时、全天候的一体化、实时化作战体系。在这样的作战体系中,传统战争中那种贪大、求全和追高的观念将没有任何意义,因为品种、规模、性能不再是提高作战效能的关键性要素,系统集成和横向一体化成为最关键的要素。武器装备品种再多、规模再大、性能再好,如果不能并入系统,则不可能发挥作用,在战场上不仅不能形成战斗力,反而将成为好打的目标。信息化战场是一体系对抗的战场,拥有完善的信息化作战体系的一方能够控制作战手段,灵活选择目标并控制战争进程和节奏;没有相应信息化作战体系的一方,则群龙无首,一盘散沙,数量众多但没有灵魂,因而难以形成作战效能。

三、作战力量一体化使得体系对抗成为主要对抗方式

以电子计算机为核心的信息处理技术和信息网络技术,可实现作战中各个单元的信息化。信息控制系统对各种信息化了的资源予以优化,各种作战要素和作战单元则以"有机体系"的面孔发挥最佳的作战效能。其具体情况是这样的:在信息网络系统的全维连接和聚合下,使得敌对双方的侦察探测、信息处理、火力打击、战场机动、攻防行动、指挥控制、支援保障等,形

成一个有机的综合作战体系,构成了前所未有的作战大系统。指战员利用它进行系统对系统、体系对体系的抗争。这使传统的以兵力和火力对抗为计算单位的战争法则发生了深刻变化,海湾战争、科索沃战争、阿富汗战争、伊拉克战争都充分证明了这种变化。体系作战显著提高了战场整体作战能力,可以形成一体化联合作战的合力制敌。

冷兵器时期和热兵器时期,人们的作战思想主要以消灭对方有生力量为主,作战方式单一,对抗力量有限,难以达成体系对抗。信息化条件下,人们不再注重把歼敌、俘敌多少作为胜利的主要标志,而是着眼于破坏敌作战体系的整体结构,瘫痪其主要功能,进而使敌丧失抵抗意志和能力,达到不战或小战而屈人之兵的目标。

依据这些作战指导思想,在信息技术的推动下,电子战、网络战、信息火力战、特种战、心理战等作战方式显形战争舞台,成为重点打击敌作战体系要害目标和关键节点的战法和手段,可有效地对敌信息网络节点、指挥控制系统、侦察预警系统、支援保障系统、交通枢纽等实施打击,造成敌信息不灵、指挥中断、雷达迷盲、武器失控、补给困难、机动受限,最终使敌作战体系功能失调或完全丧失。由此可见,信息化条件下的作战方式可有力地促进体系对抗的形成,并将成为体系对抗的主要作战方法和手段。

第四节　作战行动精确化

在机械化战争时代,武器装备的发展一直沿着增大杀伤破坏力的轨迹发展,武器装备的物质能量不断增加,直到接近物理极限。在战争中,作战双方所追求的是最大限度地使用和发挥大规模毁伤武器的效能,通过最大规模的破坏来摧毁对方的战争机器及和作战潜力,结果导致战场上万炮轰鸣的"粗放"式打击,火力从面积毁伤发展到立体摧毁。

1881年,一支英国舰队向埃及亚历山大港附近的要塞发射了3000发炮弹,结果只有10发命中目标。1944年太平洋战场,美国海军自一天内向面积仅1.5平方英里、且缺乏天然障碍物的夸贾林岛发射了36000发炮弹,又出动了96架飞机反复轰炸,却只歼灭了岛上地表日本军队30%的作战力量。这样的历史在20世纪70年代被改写。1972年,美军仅用15枚激光制导炸弹就炸毁了在此之前出动700架飞机,投掷12500吨炸弹,却未能摧毁的越南清化大桥,这预示着一个精确战的时代即将到来。

精确化,是指交战双方将以精确作战为主,武器装备的发展将向精确化方向发展。随着微电子技术、制导技术和发动机技术的迅速发展,未来精确制导武器的命中精度可实现零偏差,攻击距离达到上万公里,抗干扰能力和全天候作战能力进一步提高,性能更加完善,打击效能更加出色。

信息化空中作战平台可实施远程精确打击

随着信息技术的飞速发展和被广泛用于军事领域,精确制导武器的种类越来越多,质量越来越好,造价越来越低,发射平台也越来越多。海湾战争期间,美军仅拥有空射巡航导弹、远距离对地攻击导弹等几种精确制导武器;伊拉克战争时则实现了弹药90%的精确制导。除了精确制导武器的数量增加外,更为重要的是质量有了非常大的跃升。伊拉克战争中美军大部分制导弹药加装了卫星定位系统,这使它们可根据目标的空间三维坐标位置自动寻找目标,即使在云雨、烟雾、夜暗、沙尘暴等条件下也能准确发现目标并实施精确打击,误差范围仅为3米。

美空军计划到2010年前后,全部淘汰现役的非制导弹药。而其计划建

造的新型巡航导弹核潜艇(SSGN)，集中配置154枚"战斧"巡航导弹，是威力强大的火力发射单元。美军甚至设想，不必派兵出国，只在美国本土就可对世界任何地点发动高强度精确打击。

随着信息技术在军事领域的广泛运用，战争中精确化的内涵正在由精确打击扩展为在整个战场空间的精确交战。它不仅包括精确打击，还涵盖精确探测、精确定位、精确指挥等方面。

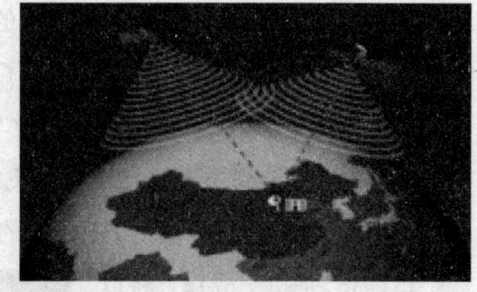

卫星精确定位

1. 精确探测，全面、准确地掌握情报

科学技术的发展，使大量先进的侦察、监视、预警、探测装备部署在各个战场空间，其探测方式多、精度高，可以从各自不同的范围和角度对探测目标实施昼夜监视。夜晚等不良天候不再是障碍，"深挖洞"也不再是有效办法。精确的探测器材可以从不同侧面反映目标的特征，将获取的信息相互印证和补充，从而得到全面、准确的情报。在未来信息化战争中，任何目标都有可能被发现。

以色列的微型无人机能通过终端显示器实时显现自己的位置

2. 精确定位，使战争更精确地进行

高技术传感器、高分辨率照相、动态探测仪、热与红外探测仪、夜视等技术，以及用于争夺信息优势斗争的电子对抗技术，为目标的精确定位奠定了坚实的基础。未来的信息化战争中，导航定位卫星和通信卫星将大量使用，飞机、舰船、车辆直至单兵都将装备 GPS 接收机，能够得到精确的导航与定

GPS接收机,能够得到精确的导航与定位信息及可靠的通信联络,了解各自在战场上的确切位置,精度可达1米甚至更高,从而能使战争的进行更加精确。

3. 精确指挥,实施精确化的管理与监督

未来战争中,部队将实现数字化、信息化。各级自动化指挥系统形成网络,既能独立使用,又能彼此联结、上下沟通。指挥官既能对各种信息进行处理、分析、判断,又能准确、可靠地下达命令,可以不经过任何多余环节对部队进行精确化的指挥,对战场实施精确化的管理与监督。

第五节　作战手段智能化

进入新千年后,世界军事高技术的发展格外引人瞩目。人们在密切关注它们给各个应用领域带来的一系列新突破的同时,也特别关注其未来发展趋势。据报道,美军针对战争形态变化,凭借其高技术方面的优势,提出了"21世纪部队"的现代化建设方案。该方案首要的一条是实现指挥与控制系统以及武器装备的智能化。武器装备和作战指挥的智能化,将最大限度地延伸"人体"的功能,成为提高军队战

美军士兵操纵军用机器人

斗力的一个新的增长点。因此,有人预言,"未来高技术战场将主要使用计算机和无人驾驶的飞机、火炮、坦克、导弹等智能武器",甚至认为,"谁能在人工智能领域中取胜,谁就将取得21世纪的军事主动权"。

军事小天才
Jun Shi Xiao Tian Cai

一、智能技术的出现

人工智能技术以信息技术为主体,以电子计算机为载体,实质上是集现代微电子技术、电子计算机技术、精密机器加工技术和传感技术等科学理论于一身的高智能、高自动化技术。这一开拓性的技术在当今高技术领域占有十分重要的地位,被称为当今世界3大尖端科学之一。人工智能技术运用于军事领域后,一直沿着"军事专家系统"和"军用机器人"两个方向协调发展。

军事专家系统也被称为"知识库系统",存储有大量的知识程序,拥有3个子系统:一个是能够自动控制、传递和更新存储知识的"知识库管理系统",另一个是具有存取、使用和修改知识存储能力并能作出推理判断的"推理子系统",第三个是与"专家系统"交叉联系的"人-机接口子系统"。

军用机器人出现于20世纪60年代后期,从作用功能上可分为执行攻击任务的智能武器和执行勤务保障任务的机器人两大类。

参谋人员正在通过计算机进行作战决策

人工智能科学和智能机器人技术在军事领域具有广泛的可应用性,而且越来越受到各国军事部门的重视和青睐。目前,这门发展势头强劲的学科在军事领域里占有极为重要的一席之地,已成为军事现代化的重要标志之一。可以预见,随着时间的推移,军事高技术发展的智能化趋势将越来越明显,对21世纪的武器装备、作战样式乃至战略战术都将产生重大而深刻的影响。

二、智能较量成为主角

战争是既是力量的角逐,又是智慧的较量。随着科学技术的迅速发展,智能较量的比重日益增多,地位也愈来愈重要。智能较量主要运用信息论、

系统论、控制论、决策科学、计算机技术等现代化的方法和手段,并且把运用智能较量的科学成果作为战争决策过程中必不可少的基本环节。前面提到的"军事专家系统"就是进行智能较量的重要工具,其核心技术是"专家系统"。这个系统把战场态势、敌我双方兵力部署和作战效能、最优化战略战术、武器装备特性等因素都编入计算机程序,通过"思考"、"分析"来制订出行动方案,供指挥员或武器操作人员进行选择。指挥决策系统的智能化也使军事谋略产生了革命性变化:军事谋略成了被物化了的"高技术化的谋略"。军事谋略由单纯人脑的运筹变为以计算机为辅助的快速决策,从而大大提高了指挥作战的效益。

在伊拉克战争中,美军几乎无处不用电脑。从侦察卫星到通讯系统,从飞机导弹到坦克军舰,从战略指挥到战术行动,从作战计划到后勤保障,其核心系统都是建立在电脑芯片上。它"能够把成千上万的微小细节、无线电频率、油轮集合地、炸弹形状、谁支持谁、谁作护航飞行……放在一起,把它们组成一个整体,把它们按任务顺序排列,从而为人们提供了一张同唱一首歌的乐谱"。美国空军所有的轰炸行动计划都是靠计算机使用空军系统分析部门的战区攻击模型完成的。美军在伊拉克战争中的优势实质上"就是硅对钢的胜利"。由此可见,建立在现代科学基础上的智能较量已成为军事决策的先导,高技术战争已经迎来了智能化战争的新时代。

三、智能武器成为战场亮点

科学技术的发展是推动武器装备更新的基本动力。新世纪之初,尽管战场上陆、海、空三军武器装备的发展仍然是新旧并存的局面,但高技术群的出现必然会加快武器装备的发展步伐,以高度自动化和人工智能为核心的新武器的研制日益受到重视。近期几场高技术局部战争给了人们多方面的启示,其中之一是空中格斗、近战肉搏等"短兵相接"式的体能、技能型的战争已经逐步让位于大范围的、远距离的"背对背"式的智能型战争。敌对

军事小天才
Jun Shi Xiao Tian Cai

双方依赖高技术、运用智能型的武器系统相互攻击,使作战方式发生了极其重大的变化。在伊拉克战争中,美军通过运用智能化的指挥控制系统和武器系统,把以往战场上用几小时甚至更长时间才能做完的事,压缩到几分钟甚至几秒钟之内,使作战进程几乎与决策时间同步,做到了实时发现、实时指挥、实时打击、实时机动、实时保障。

机器人阿熊能够在硝烟滚滚的战场前线救助伤员

各类机器人是智能武器装备的集中代表。它们具有一定的思维、感觉、知觉以及分析和判断能力,能模仿人的行为执行多种军事任务——执勤站岗、侦察保障、布雷扫雷、执行攻击任务等。它们代替人到战场上去冲锋陷阵,使战争伤亡减少到最低限度,甚至实现"零死亡"。目前,世界上五花八门的机器人已达百万之众,一些国家的机器人已经从军服役,有的还投入了战斗使用。美军在近期几场局部战争中,均投入了智能机器人参加实战。智能武器还有各种智能弹药、各种战术导弹和炸弹。它们能自动寻找、确定攻击目标,比普通弹药的精度提高30~75倍。

还有一个值得重视的趋势就是智能武器装备的超微型化。美国麻省理工学院采用先进的纳米技术研制出的超微型机器人像蚂蚁般大小,能飞、能爬、能潜水,具有很强的破坏能力。一些专家预测,到21世纪中叶,与蝴蝶、蜻蜓、苍蝇、蝗虫等昆虫一模一样的机器人将会大批面世。智能武器的微型化将引发起一场真正意义的军事革命。由于智能武器装备具有超常的作战效能,在高技术战争中具有得天独厚的优势,因此,各国军界都把这类高技术武器装备列为常规武器发展的重点之一,以增加平时威慑和战时获胜的砝码。

四、智能技术使战场变得"无人化"

美国《21世纪战略技术》报告里面有个结论让人眼睛一亮:"20世纪的

核心武器是坦克,21世纪的核心武器是无人系统。"事实确将如此。比如,美国空军计划2020年前后,将30%的作战飞机实现无人化。美国陆军的未来目标部队中,无人平台的数量可能超过有人平台。

目前,军用无人系统中发展最快的是无人机。2004年3月和11月,美国的X-43A无人机试飞成功,飞行时速超过11265千米,接近10倍音速。最引人注目的,是它的吸气式超音速冲压喷射发动机,能够直接吸收空气中的氧气燃烧,大大减轻了平台重量。2025年左右,美军可能装备全球到达无人轰炸机,2小时内可打击全球任何一点。难怪美国人毫不掩饰自己的得意,说这项技术"将使美国空军脱胎换骨,成为真正的太空军队。"

X-43A无人机

大型无人机,起飞重量超过45吨,武器载荷7吨,续航时间50小时;小型无人机,总重量只有0.5~2.8公斤,续航时间30分钟,可以在每小时55公里的阵风条件下正常工作;远航式无人机,利用太阳能作动力在1.2~3万米高空,飞行时间可达6~9个月。

快速部署型无人飞艇,成本不超过10万美元,可以塞进巡航导弹,发射到100公里的高空,自动充气展开,旋停在同温层持续监视战场;水下无人攻击母机,可由潜艇发射,精确到达目标区后释放多个自主制导导弹,尔后自动返回潜艇,重复出动;超大型无人飞艇,载荷达到1000吨,能够把一支完整的部队,例如1个4000人的机步旅,直接投送到11000公里以远的战区。

此外,还有各式各样的无人车辆、无人舰艇、智能机器人等。最新的试验,是利用老鼠的脑神经细胞培养人造脑,可以控制F/A-22飞行模拟器,而学习这种复杂技能的时间还不到15分钟。

第六章　未来战争形态的展望

战争史证明,技术发明往往都与军事紧密相联。先进技术一经发明,必将在军事领域一展身手。而且,有时革命性武器的出现将改变传统的战争形态。当今,随着各种高科技的发展,新战争形态正向我们走来。

第一节　"从 A 到 B"的信息战

"A"是 Atom(原子)的字首,"B"是信息量单位 Bit(比特)的字首。Atom 指原子弹,Bit 则象征着信息弹。可见,未来的战争用的是信息弹,打的是信息战。美军认为:"21 世纪最令人恐怖和最重要的武器不是高性能的飞机、坦克和战舰,而是从信息系统中涌出的巨大的数据流,也就是比特流。"由此看来,在 21 世纪,硝烟弥漫的火力战将逐渐淡出,以计算机病毒和黑客为武器的信息战将跃居战争舞台。

信息战是指敌对双方在信息领域的对抗活动。主要是通过争夺信息资源,掌握信息的收集、处理等手段的主动权,破坏敌方信息传输,为遏制或打赢战争创造有利的条件。信息战的要点是一个前提、两个手段、一个目标。"一个前提"是指利用现代信息技术;"两个手段"是指保护己方的信息和信息系统,攻击敌方的信息和信息系统;"一个目标"是夺取与保持信息优势。

信息战是人类文明由工业时代向信息时代的转型期,随着社会信息化

和军事信息化而出现的一种崭新的作战样式。

信息战包括信息进攻和信息防御。信息进攻就是充分利用各种信息技术手段，通过信息封锁、信息欺骗、信息干扰、信息污染、信息摧毁等方式，影响和削弱对方的信息作战能力。信息防御是采用

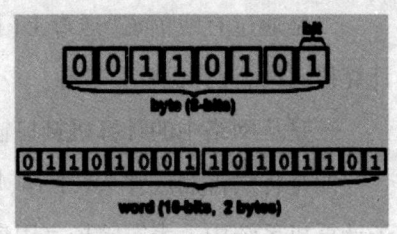

信息数量的单位：bit

信息保密、信息防护等方法，保护己方的信息、信息系统、信息作战能力不受对方信息进攻的影响。

军事发达国家正在大力发展信息战进攻与防御装备和手段，主要有：计算机病毒武器、高能电磁脉冲武器、微米/纳米机器人、网络嗅探和信息攻击技术及信息战黑客组织等。

一、计算机病毒——比特战场上的毒瘤

计算机病毒是一颗长在计算机网络上的毒瘤，它是一种能够自我繁殖，具有很强传染性和破坏力的计算机程序。计算机一旦染上毒，轻则工作效能降低，重则整个系统瘫痪。如何将病毒施放到电子计算机及其网络中，是世界各军事强国致力研究的热门课题。

将病毒施放到计算机及其网络中的"施毒"方法主要有以下五种：

一是利用无线电波从空间注入。例如，人们使用的手机，是利用无线电波沿空间传播达成通信的，而且机内就安装有计算机芯片。手机"中毒"后通常会出现以下三种症状：烦人型——手机持续发出刺耳的尖叫声；失控型——无法操作手机上的键盘；破坏型——篡改、清洗掉机内数据，使手机成为"废铁"。已经有的案例是：铃声响，手机显示屏上出现"Unavailable（不能使用）"，用户若不知情接了电话，机内所有数据将被清空，电话卡烧坏，手机无法再使用。手机功能越强，档次越高，染毒的可能性就越大。这种病毒最早在越南被发现，因此被称作"越南病毒"。另外，还有的手机上出现的

"乱码电话"，也是这种病毒的变种。

二是通过有线信道"送毒上门"，打电话就将病毒打进来，倘若电话机与计算机联网，计算机就会染毒。

三是从网络中的计算机接口输入，而殃及全网。

四是将病毒制成弹头（子弹、炮弹、炸弹等），利用发射工具投掷到敌电子计算机系统中。美军曾扬言用病毒手枪袭击俄米格战机，只需10秒钟就可使它变成空中的废铜烂铁。

五是将病毒预先固化到计算机芯片上，潜伏在电子设备中，一旦需要，通过无线遥控方式激活，使其发作，兴妖作怪。这种方法美军在海湾战争中曾经试过并尝到了甜头。

海湾战争开战前，美特工人员探知伊拉克将从法国进口一批电脑打印机，随即通过"偷梁换柱"的方法将有毒芯片悄悄装入。为了掩人耳目，电脑打印机途经约旦安曼运往伊拉克。战略空袭发起前，美利用无线遥控方式激活病毒，致使伊的预警系统、火控系统、通信和雷达系统瘫痪。战事未起，伊就挨了一顿闷棍。西方评论家指出，这是"兵不血刃，不战而胜"兵法在现代战争中的应用。战后，美军宣称，"用计算机病毒进行战争，比用核武器进行战争更为有效，也更为现实，且不担世界政治舆论风险"。为此，美军委托兰德公司先后导演了若干次信息战演习。比较典型的一次是：

2001年1月17日，时值海湾战争10周年。S国以军事行动威胁到美盟国。美欲制止S国行动，但未派出一兵一卒，而是挥动鼠标、键盘，一场无声无息的信息战展开了：

首先，美电脑专家将计算机病毒输入S国程控电话系统，造成死机。接着，在预定时间激活"电脑逻辑炸弹"摧毁S国铁道线上的"电子道岔"，造成交通事故。此时，S国军队正按照从无线电台中接到的上级命令，

黑客

快速撤退到沙漠密林，殊不知这道命令是假的。与此同时，美出动心理战飞机鼓动S国民众起来反对当局，S国陷入一片混乱之中。面对如此情景，S国总统恼羞成怒，用他的脚猛踢电脑时，忽然发现他密存在瑞士银行中的数百万美元不翼而飞。总统钱都丢了，哪有心思指挥战争？整个过程未放一枪一炮，一场即将发生的战争就停止了。它表明信息战的要旨在于控制，而不在于流血牺牲。战斗不再有伤亡，明日战场静悄悄，貌似天方夜谭，但并非虚无缥缈！

二、计算机黑客——比特战争中的幽灵

黑客原系英语 Hacker 的译音，指非法侵入他人电脑系统并扰乱、破坏其正常运行的人。黑客家族有两类人：一是骇客，一是窃客。骇客通常不怀军事和功利目的，只是想做一番骇人听闻的事，以夸耀自己的才能；窃客则具有强烈的企图，直接为军事和政治服务。当然，窃客也有阶级性，有正义与非正义之分，正义者称红色黑客，简称"红客"。

黑客像一个幽灵在网络上游荡，它入侵网络的手法很多，最常见的是"拒绝访问"攻击。我们知道，为了达成网络通信，网络中的主机（服务器）要向外辐射连接众多的用户终端。如若某一用户终端遭这样的手法攻击，便拼命地向主机发信号（术语上称"访问"）并要求主机对它的每一次访问都要"回复"。这样一来一去，服务器和网络就始终处于工作状态。与此同时，黑客还发动其"哥儿们"一起向主机访问并要求主机都要进行回复。因为主机和网络的工作能力是有限的，这样轻者白白消耗资源，降低运算效能，重者造成信息过载死机，网络阻塞瘫痪。合法用户此时要访问主机就无法实现了。这种攻击网络的方法，在近几次局部战争中也得到了广泛应用。1999年科索沃战争期间，南联盟"黑客"在网上对北约宣战，对其网络实施高密度的"电子轰炸"，使北约部分计算机及其网络受到破坏。美白宫服务器在当年3月28日瘫痪了数小时之久。该日，美军一架F-117A隐形战斗机被南

联盟击落,可谓是祸不单行。北约总部首脑直言不讳地承认,北约网站由于每天收到来自南联盟数以万计的电子邮件,致使信息网络严重超载造成阻塞,"如想访问北约总部网站,进站速度'宛如蜗牛爬行一般'。"

人们不会忘记,2000年的"2月黑客事件"中,世界著名的雅虎、亚马逊、微软等网络遭黑客攻击而几近全面瘫痪,直接经济损失高达数十亿美元,"爱虫"病毒的肆虐、"红色代码"的泛滥等给人们平静的网络生活掀起了千层波澜。今天,针对计算机网络的犯罪已成为对现代文明的一种新的挑战,而这种网络威胁在军事上极有可能使一支强大部队面临着灭顶之灾。未来战争的最大可能是首先以"信息战"发难,因此,我们必须在未来反侵略战争发起之前,建立起中国的信息安全防御体系。

第二节 "兵不血刃"的电子战

电子战就是电磁频谱的斗争。其作战方式主要表现为:利用电子装备与器材,侦察与反侦察,干扰与反干扰,摧毁与反摧毁。目的在于削弱、破坏敌方电子设备的使用效能和保护己方电子设备正常发挥效能。

海基雷达

电子战是伴随电子装备出现发展起来的。电子战最早发生于1904年,当时日俄战争中,俄国的海军从电报中窃取了日军舰队的行踪,在海上打了一个大胜仗,从此拉开了电子战的序幕。开始,电子战仅限于无线电报中的电子对抗。后来人们发明了雷达,有了军事上的"千里眼"。作战的敌对一方就千方百计地想蒙住另一方的"千里眼",于是就有了雷达对抗。第二次世界大战中,英法联军在诺曼底登陆战役中,首先用火力摧毁了德军的大批雷达,然后制造了假司令部、假司令、假军舰,散布假情报,运用电子欺骗的办法,声东击西,让希特勒的德国军队错误地判断英法联军在加莱地区登陆,使诺曼底兵力空虚。英法联军以较小的代价赢得了登陆战役的胜利。英国首相丘吉尔在总结"二战"经验谈到电子战时,十分感慨地说:"如果没有这种魔法战争,我们就会失败,直到灭亡。"

"二战"之后,雷达技术得到迅速发展,雷达的探测距离、跟踪精度、分辨能力都有了进一步的提高,飞机、导弹、卫星、舰艇、火炮都装备了先进的雷达。人们针对雷达制导系统的作用又研制出了各种欺骗干扰的装备和器材,还研制出了专门对付雷达的反辐射导弹和专门用于电子对抗的电子战飞机。20世纪60年代,越南战争初期,越军平均发射2~3枚地对空导弹就能击落1架美军飞机。1966年之后,美军在飞机上安装了雷达报警接收机,部署了"百舌鸟"反辐射导弹,还使用了杂波干扰机。到了1971年,越军平均发射70~80枚导弹才能打落1架美国飞机。在第四次中东战争中,由于埃及加强了武器系统抗干扰措施,开战后的第一个星期,使以色列飞机损失了78架。后来以色列又加强了电子干扰,飞机的损失就大大减少了。在贝卡谷地的作战是一次典型的电子战。在战斗的开始,以色列派了一些无人机到了导弹阵地上空飞行。无人机经过了特殊伪装并装有防空设备。这种无人机本身反射面积很小,雷达回波反射信号比较弱,但加装了一些角反射器一类的装置,使得反射面积增大,信号增强。叙利亚误认为大型飞机来攻击,于是开动制导雷达。无人机就把导弹系统的一些参数,如频率参数测到了,同时把叙利亚的导弹阵地的位置也侦察到了。以色列第一步先取得信息,第二步就发动攻击。攻击时,最高一层是预警飞机,作为空中指挥;第二层是F-15作为护航;最底层是F-16攻击地面目标。以军攻击前首先派无人机引诱导弹阵地开机。导弹阵地开机后,以色列发射反辐射导弹。就这样,以色列一举摧毁了叙利亚19个导弹阵地和几十架作战飞机。

军事小天才
Jun Shi Xiao Tian Cai

1991年的海湾战争之后,人们总结这场战争的特点是:陆、海、空、天、电,五维一体。电子战过去一直是战场上的配角,海湾战争中竟然与陆战、海战、空战、天战平起平坐,成为第五维战场。可见电子战在战争中的地位已经大大地升格了。电子战荣升战争主角主要表现在以下3个方面:

其一,电子侦察成为战场信息获取的主力军。"兵马未动,电子先行"。在海湾战争爆发前的5个月,美国就起用了70多颗军用卫星,其中有部署在高、中、低轨道上的20多个侦察卫星,昼夜不停对伊拉克军队的重要军事设施、雷达、通信、导航和导弹系统,实行了不间断的电子侦察,为多国部队飞机、雷达告警、电子干扰和发射反雷达导弹提供了依据。据有关资料介绍,现代战争中所需要的军事情报65%以上是通过电子侦察获取的。

其二,电子"轰炸"成为战场火力进攻的尖兵。早在1990年底,以美国为首的多国部队就制订了一个代号"白雪"的电子战行动计划。1991年1月17日,大规模空袭开始前5小时,多国部队利用地面电子干扰设备对伊拉克军队的指挥、控制和通讯系统进行了强烈的干扰,出动了大批电子战飞机,对伊拉克军队的防空雷达、通信系统施行了压制性大功率干扰,为空袭飞机的突防和攻击提供支援干扰,使伊拉克军队雷达迷茫、通信中断、制导失灵,使伊拉克军队变成了瞎子、聋子、傻子,处于被动挨打的境地。除了上述"软杀伤"以外,美军还出动了大批反雷达飞机,发射大批反雷达导弹,摧毁伊拉克还在工作中的雷达,还迫使伊一些雷达赶快关机。威力巨大的电子轰炸为多国部队的空袭开辟了胜利的道路。

其三,电子防护成为战场信息防护狙击手。海湾战争中伊拉克曾经从国外花重金购买了大量有关自己国家情况的卫星照片,根据这些照片采用伪装器材对重要目标加以伪装。伊拉克设置了数千个由合成材料制成的假目标,涂上掺杂有金属的涂料,并装上热源,使多国部队的电子侦察受到了干扰,分不清真假,白白地投入了不少兵力兵器对这些假目标进行轰击。结

军事小天才
Jun Shi Xiao Tian Cai

果伊拉克的"飞毛腿"导弹和一些兵器得以隐藏和保全下来。

海湾战争的实践表明,电子战在信息化战争中具有十分重要的地位和作用。电子战既充当了战争的"先行官",又作为战争的主力军,贯穿于战争的始终,成为真正的关键角色,使人们对它刮目相看。国外的军事家们说:"20世纪是空战时代,21世纪将是电磁战时代。"有的说:"如果发生第三次世界大战,获胜的必将是最善用控制和运用电磁频谱的一方。"还有的认为:"夺取电子优势比第二次世界大战中夺取制空权还重要。"

隐形电子战飞机EA-22

21世纪电磁对抗将更加异彩纷呈。

电子战已经走过了整整100年的历史,留下了一串串耀眼夺目的光辉。它从一开始的战争辅助手段,一跃成为现代战争的主角,引起了世界各国军事家的高度重视。随着科学技术的飞速发展,武器装备的电子化程度必然越来越高,电子战的技术装备也越来越走向尖端。21世纪的电子战将更加激烈。获得制电磁权的一方将依靠强大的电子优势在极短的时间内以强大的电磁干扰造成敌方指挥失灵、电子制导武器失控、技术兵器失去功能以至整个战争机器瘫痪,从而为随后采取的兵力火力打击提供"昏睡中的目标"。由于电子战的地位和作用日益增大,世界各国在研究电子战武器装备上都舍得花大量的人力、物力和财力。电子战设备的发展已经被提升到和导弹、核武器发展同样重要的程度。而且各国认为没有电子设备,导弹和核武器同样发挥不了作用。

21世纪电子战场所利用的频谱将向全频谱扩展。随着电子技术的发展,电子对抗的范围在频谱上已大大超过以往只限于射频范围的概念,迅速向两端扩展,也就是向低端的声频和高端的光频扩展,使电子对抗既有射频

第六章 未来战争形态的展望

军事小天才
Jun Shi Xiao Tian Cai

未来的战争与战法

对抗还有光学对抗、声学对抗。目前,军事电子技术所利用的频谱已经覆盖了从低频、短波、微波、毫米波、红外、可见光等全部频谱。

21世纪的电子战将重点发展网络对抗、计算机病毒武器。传统的电子对抗技术也将不断向高新方向发展。无源干扰技术如箔条、干扰丝等,是廉价有效、易行的干扰技术,将继续被采用。新技术新材料的发展使干扰箔条和干扰丝在材料上不断更新,从而更具威

登陆部队发射电子干扰炸弹

力。目前,用镀铝、镀锌、镀银的玻璃丝、涤纶丝、尼龙丝代替以前的锡、锌、铝等箔条,可以增加在空中滞留的时间,增强干扰效果。新发明的复合箔条将微波、毫米波反射型材料和红外全溶胶涂料结合起来形成可干扰红外、可见光、微波等宽频带干扰物。干扰箔条从结构上设计出了干扰球、金属体和干扰绳等新的类型干扰物,可对雷达、红外和微光进行复合干扰。

21世纪的电子战装备将向系统化、系列化、软硬武器一体化,报警、侦查、干扰一体化,标准化和"模块化"方向发展。

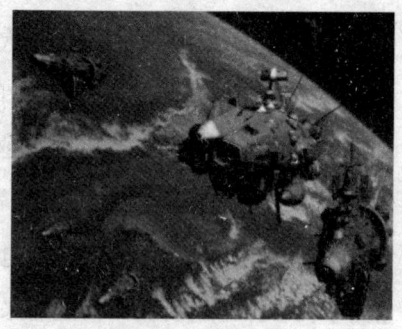

太空战想象图

因此,21世纪的电子战必将异常激烈,异常复杂。谁能够赢得制电磁权,谁就将在未来战争稳操胜券,这已为各国军事家们所公认。

第三节 "大闹天宫不再是神话"的太空战

现在某些火箭弹可以飞出大气层,在太空中停留,当需要对地球上某些地点实施袭击的时候可以随时让炸弹精确地落在要打击的东西上,这就是未来太空战争的形象。在很多人的想像中,太空中的任何地方都能成为战场,各种飞船战机可以穿梭于星体陨石之间进行战斗。这些虽然目前只能在游戏或者漫画中看到,不过离成为现实已经不会太远了。

一、太空的军事应用

浩瀚的太空战场无边无际,太空作战力量在太空战场中可不受领土、领海、领空的限制,也不受地形条件、气象条件的制约,在轨道机动能力允许的范围内,进行真正"全天候、全方位"的机动作战。所有这些,都是建立在夺取了制太空权的基础上。没有制太空权,只能"望天兴叹",难以充分发挥太空武器的威力。太空可作为连续通信、侦察、预警、导航、指挥与控制的基地,确保作战信息的获取、传输、处理得以顺利进行。

在太空战中扮演重要角色的美国军用卫星

拥有了制太空权,有利于支援和保障"地"上的军事行动。从近期发生的几场局部战争可见,无论是陆战、海战,还是空战,都严重依赖天基系统在测地、气象、预警、监视、跟踪、定位、导航、打击效果评估等方面的支援与保障。随着陆、海、空、

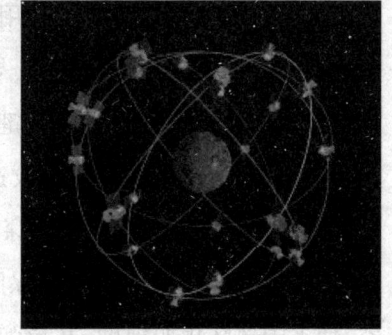

美国GPS全球卫星定位系统示意图

军事小天才
Jun Shi Xiao Tian Cai

天、电磁五位一体战场的形成,以及太空战作战样式的出现,这种依赖程度只会加深,绝不会减轻。只有夺取并保有制太空权,才有可能充分发挥"地"上武装力量的作用,达到理想的作战效果。

二、太空战初露端倪

自1957年人类发射第1颗人造卫星起,航天技术取得了突飞猛进的发展,人类把自己的足迹一步步地向太空延伸。航天技术广泛应用于军事领域后,太空的军事斗争愈演愈烈,并出现了崭新的战争概念——太空战。

太空战,通常是指以远离地球的外层空间为战场所进行的攻与防的作战。它既包括作战双方天基武器系统之间的格斗,也包括天基武器系统对地球表面和空中目标的打击以及从地球表面对天基系统发动的攻击。其目的就是要争夺对太空领域的使用和支配权,并剥夺对方对太空的使用权。

随着科学技术的发展,人类战争的领域范围不断扩展。从最初的陆地逐步发展到海洋,又从海洋发展到空中,再发展到外层空间。美军指出,天空和海洋是20世纪的战场,而太空将成为21世纪的战场。太空已成为现代化战争的战略制高点,在未来战争中,谁夺取了制天权,控制了太空,谁就可以进一步夺取制空权和制海权,并最终赢得战争的胜利。

军事航天武器装备在战争中的运用虽然可以追溯到20世纪60年代初,但真正意义上的太空战则出现在举世瞩目的海湾战争中。在这场战争中,以美国为首的多国部队广泛运用航天力量,对参战的陆、海、空力量进行实时和近实时的侦察、通信、气象、导航、定位等作战支援和保障,成为支持多国部队形成整体打击力量的关键因素。战争期间,美军动用了几乎全部军用卫星系统,所使用的卫星总数达72颗,同时还征用了部分在轨的商业卫星。这些卫星在海湾上空来往穿梭,交织构成了空间侦察监视、空间通信保障、空间导航定位和空间气象保障4大系统,庞大的"天网"笼罩在海湾上空,使多国部队犹如神助,其导弹命中率令人惊讶。整个战争中,全战区的

通信量绝大部分是通过卫星传送;导弹预警卫星对"飞毛腿"导弹做到了3分钟以上时间的预警;气象卫星准确地提供了天气预报。美军的精确制导武器在战争中发挥了前所未有的威力,这主要得益于GPS精确定位技术。由于军事航天武器装备强有力的支持,多国部队对伊拉克的军事和战略目

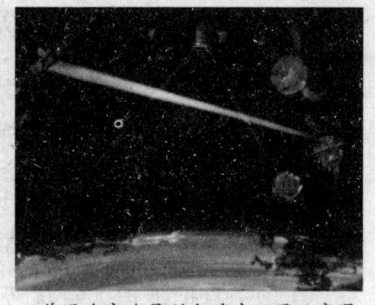

美国地空力量联合攻击卫星示意图

标实施了精确的打击。而伊拉克由于情报失灵、地面通信指挥系统被摧毁,战斗力很快瓦解,最终遭到失败。

3. 太空战的主要作战样式

美国的军事学者杰克·凯利认为,由于太空战仍是一个全新的作战样式,没有实战战例可供研究,未来太空战的爆发形式目前基本上都是预测性的。但从美国防部的作战方案和基于航天技术发展的前景来判断,未来太空战的作战形式主要有三种:"摧毁"(Destroy)、"致盲"(Blind)和"干扰"(Jam)。

"摧毁",是利用武器系统从地球表面或太空直接击毁敌方天基系统或利用天基武器系统对地面实施打击。"摧毁"将可能是未来太空战的主要作战样式,其所使用的武器种类包括激光、部署在轨道上可机动的反卫星导弹以及地面的导弹等。

"致盲",就是利用激光、微波等定向能武器,从地球表面或太空中攻击敌方的天基系统,使敌方天基系统中的各种光学和电子仪器损坏,从而无法正常工作。同以"摧毁"为目的的作战相比,这种作战样式附带的毁伤较小,也不会对民生产生太大影响,因此相对来说较"人道"一点。

"干扰",就是在掌握敌方天基系统运行参数的基础上,发射相同参数的指令,使其不能接收正常指令或正常工作。这种作战样式比较隐蔽,且代价

较小,还能减小给己方带来的负面影响。

4. 太空战发展概况

近年来,几场高技术局部战争的实践充分证明,太空是各种信息的策源地,夺取制太空权是赢得信息化战争胜利的前提条件。因此,世界各国对于太空的争夺都格外关注,正抓紧时间进行太空战准备。

美国一直把维护太空优势作为其国家安全战略和军事战略的优先目标。1998年4月,美国正式成立了美军航天司令部,并制订了发展空间力量、实施空间战的长远规划——《2020年构想》,明确提出了太空作战的战略概念。这一战略构想的提出,标志着美军在太空领域的争夺进入了理论化与实战化相结合的新阶段。2000年7月,美军又制订了《太空控制》这一纲领性文件,计划于2009年开始部署天基监视卫星,成立太空攻击队。在21世纪初,美军还在科罗拉多州进行了以2017年为背景的太空战演习。该演习进行了3天,共有250人参加。尽管未发一枪一弹,但许多战略专家告诫世人,美国已着手在太空修筑工事,太空战的帷幕已逐渐拉开。

俄罗斯也十分重视军事航天力量的建设,不断提高太空兵力兵器的作战能力。1992年8月,俄罗斯重新组建了航天部队,分别隶属国防部、发射部队、测控部队、军事航天学院和国防部空间武器中央科研所等部门。1997年10月30日,俄将航天部队与战略火箭部队、导弹防御部队合并,统称为战略火箭军。俄罗斯之所以有信心组建天军部队,主要原因是其掌握了比较完善的空间武器系统理论和技术。2001年,俄罗斯召开航天工作会议,研究制订了2010年前国家航天计划,并决定把军事航天部队和导弹航天防御部队从战略火箭军中单列出来,组建新的军种——航天部队,并赋予其发射各种军用航天器和打击敌太空武器系统的任务。俄军还把太空作战行动纳入现代战役范畴,并明确把太空划分为近地太空战区和月球太空战区两个战区。

日本也加紧进行航天器的研究开发,制定了小卫星发展战略,以使航天器向高性能、长寿命、多功能和网络化方向发展。

印度于1999年开始研制能够监视导弹发射的低轨道监视卫星,并准备研制可重复使用上百次、单级入轨的小型航天飞机。这种小型航天飞机将用于发射小型通信、导弹卫星,或者作为高空超音速飞机用于完成情报搜集和侦察监视等军事任务。

韩国军队的网络战实验室

1999年,联合国秘书长安南在越南主持召开防止太空军事化会议时说:"我们必须防止太空被不当使用。我们不能允许已经战火纷飞的本世纪将其恶果遗留给后世,到那时我们所能够利用的技术将会更可怕。我们不能坐视辽阔的太空成为我们地面战争的另一个战场。"

第四节 "无孔不入"的网络战

网络战正在成为高技术战争的一种日益重要的作战样式。它可以兵不血刃地破坏敌方的指挥控制、情报信息和防空等军用网络系统,甚至可以悄无声息地破坏、瘫痪、控制敌方的商务、政务等民用网络系统,不战而屈人之兵。

网络战是为干扰、破坏敌方网络信息系统,并保证己方网络信息系统的正常运行而采取的一系列网络攻防行动。网络战分为两大类:一类是战略网络战;另一类是战场网络战。

战略网络战又有平时和战时两种。平时战略网络战是,在双方不发生火力杀伤破坏的战争情况下,一方对另一方的金融网络信息系统、交通网络信息系统、电力网络信息系统等民用网络信息设施及战略级军事网络信息系统,以

计算机病毒、逻辑炸弹、黑客等手段实施的攻击。而战时战略网络战则是，在战争状态下，一方对另一方战略级军用和民用网络信息系统的攻击。

战场网络战旨在攻击、破坏、干扰敌军战场信息网络系统和保护己方信息网络系统。其主要方式有：利用敌接受路径和各种"后门"，将病毒送入目标计算机系统；让黑客利用计算机开放结构的缺陷和计算操作程序中的漏洞，使用专门的破译软件，在系统内破译超级用户的口令；将病毒植入计算机芯片，需要时利用无线遥控等手段将其激活；采用各种管理和技术手段，对己方信息网络系统严加防护。当然，战场网络战的作战手段也可用于战略网络战。

现在，"网络化战争"已登上了高技术战争的舞台。早在1991年的海湾战争中，美军就对伊拉克实施了网络战。开战前，美国中央情报局派特工到伊拉克，将其从法国购买的防空系统使用打印机芯片换成了含有计算机病毒的芯片。在战略空袭前，又用遥控手段激活了病毒，致使伊防空指挥中心主计算机系统程序错乱，防空 C^3I 系统失灵。在1999年的科索沃冲突中，美国总统克林顿就曾指示美国情报机构实施网络战，以配合北约部队的空袭。北约的"黑客"自空袭开始，就利用"逻辑炸弹"等病毒，使南联盟的网站陷于瘫痪；南联盟也不甘示弱，曾利用包括"梅利莎"、"幸福99"等在内的多种病毒，使北约部队的军事信息网络系统遭到了不同程度的干扰和破坏，如造成美国"尼米兹"号航空母舰计算机网络系统瘫痪3小时等。

"网络化战争"根植于军事信息化基础设施的建设。它包括信息源，各种数据库、信息库、数据传输网络，各种信息应用系统以及信息化作战平台的"软、硬"攻防和对抗系统等。拥有一大批能掌握信息技术方面的人才十分重要，所以，当今世界的各军事大国，都很注重这种人才的培养，并紧锣密鼓地组建数字化部队、训练与培养"网络勇士"等。1995年，美国第一代"网络勇士"从美国国防大学信息资源管理学院毕业。同年，美国军界为了策划

令敌方的计算机网络系统陷入瘫痪的办法,并检验国防信息系统的安全性,举行了一次名为"网络勇士"的演习。此外,美国国防部也多次与著名的智囊团兰德公司,进行了计算机网络系统安全的模拟演习。

据报道,美国国防部近年来在军事关键技术发展的计划中,将网络技术与防御列为重点项目,现今已初步建起了以各军种信息战中的"红军"、计算机应急分队、空军第609信息战中队等为主的"网络勇士"。他们进可发动信息战,退可防"黑客"攻击。

网络专家认为,在"网络化战争"中,计算机中一盎司硅的效应,可能比核武器中一吨铀还要大;字节的作用,等同于、甚至超过了炸弹。而在这些战争中,娴熟的电脑技艺,高超的"网络勇士",是决胜"网络化战争"的根本保证。

第五节 "不花钱"的心理战

心理战即运用心理学的原理原则,以人类的心理为战场,有计划地采用各种手段,对人的认知、情感和意志施加影响,在无形中打击敌人的心志,以最小的代价换取最大胜利和利益,通过宣传等方式从精神上瓦解敌方军民斗志或消除敌方宣传所造成的影响的对抗活动。

我国古代的《孙子兵法》很大一部分讲的是心理战,海湾战争以及近年美英联军攻打的伊拉克战争均成功地使用了心理战。

心理战的目的有三个:一是最大限度地争取盟友,孤立对方,置对方于心理弱势和劣势;二是在本民族、本国家内部赢得民心民意,形成同仇敌忾的强大气势;三是以正义之师的形象激励参战人员的斗志和士气,造成官兵的战场心理优势。

其实,心理战并不是真正意义上的战争,其实质是一种心理影响行为,

军事小天才
Jun Shi Xiao Tian Cai

就是运用心理学的原理和方法影响对象的心理过程(认知、情感、意志),最终转变其态度。心理战无需动枪动炮,主要是施加心理影响。兵战、武力战瞄准的是敌方的指挥机构、军事设施和有生力量,所要打击和消灭的是敌方的军事设施和人员的肉体。而心

美国的EC-130心理战飞机,可播放调频、调幅广播节目以及电视节目

理战瞄准的是敌方人员的心理,重点是军事指挥决策人员的心理,并不需要消灭敌人的肉体,而是改变敌人的认识、情感和态度。要么使敌人产生错觉,要么使敌人产生恐惧,要么使敌人思乡怀亲,最终士气不振,不战而降。

心理影响真有那么神吗?心理战真能像兵战一样解决问题吗?事实的确如此。如果运用巧妙,心理战还能解决许多兵战解决不了的问题呢。因为心理战科学地运用了许多心理学原理,能够使人在不知不觉中不由自主地接受影响,这种影响甚至可以违背自己的意志,不以自己的意志为转移。如心理学中的暗示法,就是用含蓄、间接的方法对人的心理状态实施迅速影响的过程。有些心理学家称暗示是"从后门进入人的意识",人在受到暗示影响时,简直无法抗拒。

1941年,德国建造了几十艘潜艇,需要招收几千名潜艇水手。原来以为当潜艇水手十分浪漫的许多德国青年都跃跃欲试,准备去报名。为了破坏德国海军的征募计划,美国海军心理战部门精心设计了一张传单,对德国青年进行暗示性心理

二战时的心理战传单

影响。在这张传单上,潜艇被画成"钢铁棺材",并配有文字说明:在潜艇上

工作是非常危险的,由于长期与外界隔绝,暗无天日,人的寿命很短等等。结果许多德国青年看到了这张传单,并接受了暗示,马上由潜艇联想到棺材,由棺材想到死亡,于是纷纷放弃了报名。一张施加心理暗示的传单,使美军成功地拖延了德国海军潜艇招募水手的计划。

还有心理学常研究的需要律。需要与人的心理关系非常密切,心理学认为,需要是激起人活动的"内驱力",等于是人的一切活动的发动机。人的需要是多种多样的,但心理战要研究的是敌人目前最需要的是什么。想吃甜的给他糖,想吃酸的给他醋,瞌睡了再递上一个枕头,敌人就不能不上当受骗,或不能不改变态度。

在抗美援朝战争中,1951年11月初,志愿军政治部作出关于《圣诞节对敌展开宣传攻势》的决定,要求前沿部队利用这个欧美节日,对美、英军进行一次宣传。据6个军的不完全统计,圣诞节期间,共散发宣传品150多万份,宣传袋2500多个。志愿军第63军还自制了圣诞老人、圣诞树、和平袋、和平鸽、和平信箱、大型漫画和礼物篮等。这些物品被散发到敌阵地后,有的把和平鸽别在帽子上,有的将宣传品寄给亲属,有的放些纸烟和罐头,表达谢意。据被俘的美第3师第1连士兵兰菲说:"我们连长昨天拣到一个圣诞袋,里面有和平鸽,连长非常得意,对排长说,我的运气真好,我一定把这少有的纪念品带回家去。"这种心理战由于符合敌人心理需要,收到了非常奇妙的效果。不少美军都改变了对我军的态度,从认为中国军人是"侵略者"、"不共戴天的仇人"变为"中国军队是热爱和平的"。

这种心理战由于符合敌人心理需要,收到了非常奇妙的效果。不少美军改变了对我军的态度,从认为中国军人是"侵略者"、"不共戴天的仇人"变为"中国军队是热爱和平的",都纷纷向我军官兵表示"今后不再和中国人作战了"。这种用兵战无法实现的效果,由于心战的成功运用而得以实现。

还有中国传统的"狼来了"的故事,反映的其实就是心理学的思维定势

原理。思维定势是指已经预先形成的一种心理准备状态。思维定势一旦形成,思维就呈现一种惯性状态。只要某种现象一出现,就会自然而然地顺着过去的习惯去思维和得出结论。见怪不怪、常见不疑就是这种定势的心理反映。

这种"狼来了"的心理效应方法常常被用在军事上,而且大都获得成功。埃及就成功地用过这一招,并成为经典战例:

20世纪70年代,在第三次中东战争中,埃及吃了以色列的亏。为了报一箭之仇,埃及在战后加紧进行新的战争准备,并经常利用周末进行军事演习。开始,每次演习以色列都很警觉,都要取消休假,作出反应,结果每一次都是虚惊一场。久而久之,以色列人就形成了一种定见,认为又是埃及在进行演习,于是见怪不怪,警觉性随之降低。

此时,埃及人感到时机已成熟。1973年10月6日,又是一个周末。埃及又以演习为名集结军队,向以色列发动了突然袭击。当时,以色列人还以为埃及仍是在玩演习的把戏,因此毫无戒备。当埃军突破以军防线时,以色列上自国防部长、下到普通士兵都在教堂过赎罪节守戒念经呢。结果当然是埃军大获全胜。

心理战由于运用心理学的科学原理和方法,遵循人的心理活动规律,常常使敌方在不知不觉中接受心理影响,落入另一方的心理圈套,使心理战起到兵战起不到的作用,收到兵战收不到的效果,以小的代价取得大的胜利,甚至兵不血刃,不战而胜。

第二次世界大战后,心理战的地位得到迅速提升,西方大国将其列为国家安全战略的四大支柱之一,把心理战视作"执行国家安全政策的一种战略手段"。"心理战的魅力在于它只要针对对手的心理,遵循科学规律,使用一定的方法,就能玩对手于股掌之间。这种被称为不花钱的战争样式比流血、摧毁更吸引人。许多时候,它能解决兵战解决不了的问题。"

第六节 "直捣黄龙"的特种战

人们一般认为特种部队最早源于英国。"二战"期间,1940年6月6日,为反击纳粹德国的疯狂进攻,英国首相丘吉尔下令"立即对整个德国占领区发动积极而又连续的反攻击"。于是,英国组建了一支由海军和海军陆战队的精锐部队组成的特种部队,头戴绿色贝雷帽,取名为"哥曼德"。世界上第一支独立执行特种作战任务的新型部队应运而生。

电影《士兵突击》中的特种兵

特种部队是世界上一些国家的军队中,担负破袭敌方重要的政治、经济、军事目标和进行其他特殊任务的部队,一般由最高军事指挥机关直接指挥和领导,少数国家由国防部或军种领导,具有编制灵活、人员精干、装备精良、机动快速、训练有素、战斗力强等特点。

特种部队主要任务是:袭扰破坏、暗杀绑架、敌后侦察、窃取情报、心战宣传、特种警卫,以及反颠覆、反特工、反偷袭和反劫持等。

特种部队队员素质要求高,一般从侦察部队和空降部队中挑选体格健壮、机智勇敢、文化程度高、具有献身精神和有一定作战经验的人员。其装备轻便、先进、高效,以手枪、匕首、步枪、冲锋枪、轻机枪、手榴弹和掷弹筒等轻武器为主,还配发高级无声枪械、高级暗杀器械和药品、微型通信器材、特种爆破装置及水下作业装备。有的还配备特种作战车辆、飞机和舰艇,及各种侦察器材、轻便工兵器材等。

特种部队训练严格。训练内容和要求主要有:进行多种激烈运动训练,增强体质、耐力和毅力;进行恶劣、恐怖条件下的心理素质训练,培养沉着冷

静、随机应变的能力;进行刺杀、格斗、渗透、爆破、暗杀、绑架、驾驶、通信、化装、外国语言等训练,熟练掌握各种技能;进行袭击、伏击等战术训练,学习有关战术理论,提高独立作战和相互间的协同动作与指挥能力。一般采用部队训练和院校训练相结合的方法,通过多渠道、多层次的特殊训练,全面提高特种作战能力。

在伊拉克战争中,特种作战与地面、空中作战一起成为主要作战样式,并表现出小部队打大仗的特点。美《新闻周刊》曾一针见血地指出,虽然特种部队不能在电视上露面,但美英联军特种部队在伊拉克战争中的角色是不可替代的。正是由于他们出色的搜索侦察工作,美军的空中和地面部队才能够在伊军对联军构成威胁之前,准确及时地重创伊军的战斗能力。特种部队是真正的幕后英雄。他们在战争的最初阶段中,不仅通过军事行动,占领并保护了伊南部的关键油井设施,还通过贿赂,说服一些伊军指挥官不要在撤退时点燃油井,从而使萨达姆命令炸毁伊南部石油设施的计划化为泡影。此外,美军之所以顺利地渡过幼发拉底河,是因为特种部队阻止伊军炸坝和夺桥的功劳。在美军对萨达姆等伊拉克领导人实施第二次"斩首行动"的背后,也有特种兵的默默努力。

由此我们不难看出,随着现代战争的发展,特种作战已从一种配合其他作战样式的从属地位,逐步上升到一种主要的作战样式。

第七节 "此处无人胜有人"的机器人战

机器人的应用将非常广泛,它们可能成为未来战场上的"主宰",因为新一代机器人具有机动速度更快、部署更加灵敏,以及可以广泛执行诸如侦察、监视、攻击和后勤保障等各种作战任务。真正意义上的军用机器人,其高智能化水平使其完全具备独立执行作战任务和打击敌人的能力。

据英国《每日电讯报》援引提前获得的英国谢菲尔德大学计算机科学系教授诺埃尔·夏基演讲内容报道,随着美国等国不断加大对无人操纵军事设备研发的投入,自主式战地机器人10年内可能现身。夏基说,一些国家正在极力推动能胜任更复杂军事行动的自主式机器人研发进程。这

"魔爪"军用机器人与操作系统

种机器人能自主决定实施致命行动,包括何时实施和向谁实施等。简单说,这种机器人能够自己决定是否杀人。他认为,世界正面临一场机器人研发军备竞赛,"如果一个国家研发出自主机器人,毫无疑问,其他国家将效仿"。

据报道,近年来,全球许多国家都在开发形形色色的战斗机器人。美国陆军于2005年3月开始部署福斯特-米勒公司研制的机器人"魔爪",该机器人将装备M240或者M249型机枪,此外还可以装备火箭发射器,美军士兵可以躲在安全地带对其遥控指挥,对敌人进行射

电影《终结者》中的机器人大战

击。自2003年以来,美国陆军一直在对火力增强型"魔爪"进行测试。

"魔爪"是为适应美军在阿富汗和伊拉克的作战需要而设计的,和其他机器人的不同之处在于,它无法自行活动,必须靠人通过无线或者光纤网络遥控指挥才能完成移动、监视和射击等所有动作。

"魔爪"重约36千克,装备的电池可以保证其以8.4千米的时速持续行走约32千米。在待机状态(监视)下,机器人的电池充一次电可以连续使用1周。"魔爪"机器人曾屡立战功,它曾经在波斯尼亚成功排除过手榴弹,也曾在世贸大楼的废墟中救过人,还曾活跃在美军扫雷部队中。

军事小天才
Jun Shi Xiao Tian Cai

未来的战争与战法

2005年3月,美国陆军首次在伊拉克战场上部署了18个遥控的"魔爪"系列SWORDS机器人士兵。SWORDS是"特种武器观测侦察探测系统"的英文简写,因与剑的英文拼写相同,我们就姑且称它为"剑"机器人吧。"剑"机器人携带有威力强大的自动武器,每分钟能发射1000发子弹,它们是美国军队历史上第一批参加与敌方面对面作战的机器人。

"剑"机器人身高0.9米,配备有M249型5.56毫米机枪,或者M240型7.62毫米机枪,外加M16系列突击步枪与M202-A型火箭弹发射器。此外,每个"剑"机器人还拥有4台摄像机、夜视镜、变焦设备等光学侦察或瞄准设备。

美军"剑"式战斗机器人开火

鉴于"剑"机器人的这种特殊装备与能力,美国军方对它寄予厚望,认为它们能1个抵上几个甚至十几个人类士兵的作用。

2004年美军仅有163个地面机器人,2007年则增长到5000个。其中有至少十款智能战争机器人,在伊拉克和阿富汗"服役"。部署到阿富汗的智能机器人"赫耳墨斯"主要用于探穴钻洞,它身上安装有两个照相机,在操作员的控制下,能爬进漆黑的洞穴,成功绕过一些大石头,不断向外发送拍摄的图片。"剑"机器人在伊拉克战场上更是神通广大,它能够轻易通过楼梯、岩石堆和铁丝网,在雪地及河水中也行走自如"剑"机器人装有4台摄像机和夜视瞄准具,能够使用步枪、手榴弹与火箭发射器,命中精度极高,防护力和生存力也比较强,足以在战斗中为美军士兵提供全天候的近距离火力支援。

目前韩国国防部和信息通讯部正在为陆军研制名为"犬马"的机器人。"犬马"能在敌阵中冲锋陷阵,在野外和危险地形,通过"犬马"机器人配备的无线网络可进行监视侦察、探索危险品等行动。同时还在研制"轻战斗机器

军事小天才

人",它配备有火箭炮和机关枪等,可以攀爬建筑物的阶梯,快速移动到敌军眼前,能够一眼得知敌军的位置和武装程度,甚至可以将手榴弹大小的"投掷型监视机器人"抛到韩军预测的敌军位置。"投掷型监视机器人"落地后,可将获取的周围

"犬马"机器人

情报传输到韩军士兵手腕上的手表型计算机中。

英国的防暴机器人、水下机器人早已活跃在各条战线。机器人"鹰爪"毛毛虫形状,有爪钩,可以附着在垂直的墙面上,前端有一摄像头,将画面传回士兵手中的4色屏幕上;士兵可通过遥控,让它冲入敌方阵地,然后引爆它身上附带的炸药,从而炸开障碍物,为进攻清路。"鹰爪"重约45公斤,最高行进速度为4公里/小时,可以穿过房门或绕过墙壁。在城市地区,最长遥控距离为800米,而在旷野地区,遥控距离可达1.6公里。另一种型号的机器战士名叫"剑客",是在破门机器人的底盘上安装机关枪、榴弹炮发射台或者反坦克火箭等。在敌人炮火凶猛时,可派出"剑客"到达射程范围之内,遥控它对敌人开火。

日本有"机器人王国"之称,机器人的产量及应用都位居世界前列。知名大公司如日立、索尼都在从事机器人的研发和制造,民间也有很多人投巨资,参与机器人的设计开发。

日本每年都举办机器人格斗大赛,去年"神秘火焰"机器人拔得头筹。它身高40cm,重2.9kg,全身拥有23轴自由度,外形与动漫世界中描绘的攻防机器人如出一辙,可完成相当复杂的连续搏击动作。2007年11月7日-8日,在东京举行的一场防卫技术研讨会上,日本防卫省举办了名为"致力于制造高达的产品展示"。高达就是日本动画片《机动战士高达》中,战无不胜的巨大作战型机器人。在日本防卫厅公布的《关于实施研究开发的指针》中，机器人技术早就被划入日本重点发展的新军事技术之列。

有专家认为，随着计算机技术、大规模集成电路、人工智能、机器视觉、传感技术的飞速发展，武装机器人的智能化水平、综合性能将进一步提高，作战能力将进一步提升，执行作战任务的范围和领域将进一步拓展。可以预见，在未来战争中，为减少战斗损失、提高战斗效益，越来越多的武装机器人将被用

白色的是参加第4届ROBO-ONE大赛的"神秘火焰"机器人

于执行作战任务。也许有一天，战场上机器人的数量甚至会超过士兵的数量，成为未来战争的"主角"。由于大量采用机器人，未来战争的战略战术必然会有较大调整，作战方式也将发生根本性变革，战场对抗将更多地表现为人与机器人、机器人与机器人之间的拼杀，士兵的主要行动可能不再是冲锋陷阵，而是指挥操控各型各类的军用机器人执行作战任务，战争"零伤亡"的目标可能实现。

第七章 未来战争的新战法

每个时代都有自己的战争样式,信息时代的作战方法也有着自己的时代特色。当今,方兴未艾的世界新军事变革正在有力地推动着战争形态和作战方法的革新,适应信息化战争要求的一体化联合作战、精确打击作战、非接触作战等战法相继露面。今后二三十年将是战争形态演进的关键阶段,未来作战方式方法的变化将日新月异。

第一节 "浑然一体"的一体化联合作战

在信息条件下,随着高新技术在军事领域的广泛应用和信息化武器装备的快速发展,衍生出来一种新型作战形式——诸军兵种一体化联合作战。一体化联合作战已经发展成为信息化条件下的基本作战形式。

联合作战,是两个或两个以上的军种、国家、政治集团的军队,按照总的企图和统一计划,在联合指挥机构的统一指挥下共同进行的作战。联合作战,最根本的就是多军种联合起来实施统一作战任务。第一次世界大战、第二次世界大战都是联合作战,参战的军种有空军、海军、陆军、特种部队等多个军种。各种部队在最高统帅部的统一指挥协调下实施作战任务。

一体化,是指作战系统中的各种作战力量相互联系、相互作用,为达成整体效果而凝聚的程度,也是各种作战力量、各种作战要素、各种作战样式、

各种作战行动、各种作战手段等相互配合和协调进而形成一体的状态。它代表着各个军种整体作战的水平。一体化既是整体作战的手段,更是整体作战的目标。通俗地讲,一体化就是各个军兵种,依托现代先进的信息技术,相互之间的联系更加紧密更加快捷,以致像一个作战单位一样。

一体化联合作战定义就是:各种作战力量,依托无缝连接的 C^4KISR 系统(就是指挥、控制、通信、计算机、打击、情报、监视、侦察系统),实施的灵敏、快速、精确、协调、高效的整体作战。

同传统的联合作战相比,一体化联合作战能够把情报、指挥、通信、行动、协同、保障等作战要素有机地融合起来,这种有机融合是更有威力的整体作战,各个军种部队能像一个军兵种一样协调一致地行动。一体化联合作战,是信息时代的产物。

一、信息技术推动了一体化联合作战的出现

科学技术决定生产方式,也是推动作战方式方法变革的根本动因。科学技术和生产力的发展,推动作战方法由低级向高级发展是不可抗拒的历史规律。军事技术的快速发展和飞跃性进步,几乎每次都强制性地使战争形态、战争方式、作战样式以及作战的方法手段发生相应的改变。正如斯大林

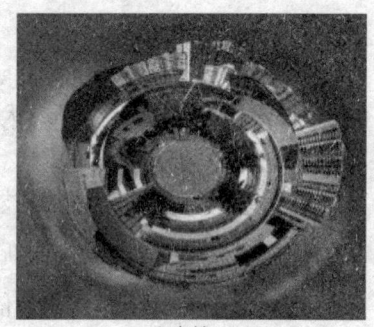

地球村

所说:"作战方式,战争形式,不是永远一样的。它们是随着发展了的条件首先是随着生产的发展而改变。成吉思汗时代作战的方式不同于拿破仑时代;20 世纪作战的方式不同于 20 世纪。"

人类步入信息社会,信息网络的发展使世界的联系如此紧密,以至于地球成为一个"村落","地球村"的概念出现了。生产方式也由大规模的集中式的机械化生产方式,发展成为工厂全球分布、产品上高度聚合的大生产方

式。生产组织形式，是以信息网络为基础的全球化生产和经营模式。作战方式方法的改变，是社会生产力和生产方式在战争领域的客观反映。

一体化联合作战的出现，是科学技术尤其是信息技术发展的产物。首先，信息网络技术，是一体化联合作战产生的关键。通信技术有了极大进步之后催生了联合作战。信息网络技术的发展成熟，是一体化联合作战得以产生的关键性因素。

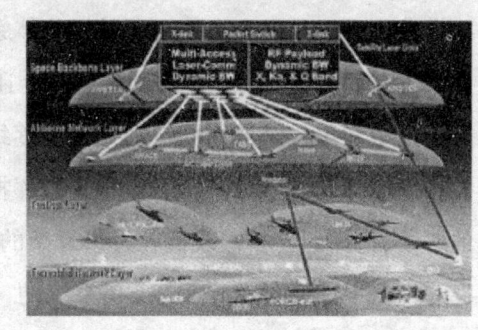

C^4KISR系统把各个空间的作战力量融合为一体

信息网络技术在军事上的广泛应用，不仅使军队组织结构、指挥体制发生了变化，更重要的影响是各个军种之间、各参战部队之间实现了战场信息实时共享。信息流动高速、有序、顺畅、精确、自动，情报信息能够按需要分配、实时享用，改变了过去层次多、环节多、大循环的信息流程，克服了信息流程长、横向联系少、速度慢、易失真的弊端，使指挥效率大大增强，作战力量的自主能力大大提高。

其次，信息化武器准备的发展为一体化联合作战提供了物质基础。随着电子技术和微电子技术的飞速发展及在军事上广泛应用，武器装备的信息化程度越来越高，并大量充斥战场。武器装备信息化使打击距离、机动速度、反应能力、精确程度和打击效果大为提高。有什么装备打什么仗，物质基础等客观条件改变后，必然促使主观指导发生相应改变。这是一体化联合作战得以形成和发展的根本动因。

二、一体化的C^4KISR系统为一体化联合作战提供了基本条

C^4KISR系统由指挥、控制、通信、计算机、打击、情报、监视、侦察系统构成，是为武器装备体系提供支援的基本手段。一体化的C^4KISR系统是一体化联合作战的基本条件和前提，没有一体化的无缝连接的C^4KISR系统作支

撑,一体化联合作战只能是"纸上谈兵"。

一体化的 C^4KISR 系统与传统的指挥自动化系统的区别在于:传统的指挥自动化系统是一个自上而下的树状体系,缺乏横向之间的联系,信息传输效率慢。而 C^4KISR 系统无论在纵向上还是在横向上,都实现了无缝连接。当指挥员利用传统的指挥自动化系统逐级地分析判断情况、定下作战决心、拟订作战计划、组织协同动作、实施指挥控制、监控部队行动、评估作战效果的时候,指挥的速率被耽搁在过于复杂的指挥流程中,指挥官指挥部队的效率非常低下。一体化的 C^4KISR 系统的产生,大大提高了各个层次的运作效率。从最高司令部、战区联合司令部、军种司令部,到单个武器平台采用了相同的数字通信协议,形成无缝连接的网络结构,能把相互独立的各种系统逐步集成为一体,尽量减少各军兵种指挥系

战场信息可以快速的传输到各个作战单元

统的纵向层次,赋予更多的跨军种、跨兵种的横向协同、支援体系,实现战略指挥层、战役指挥层、战术指挥层的情报信息、攻击指令等跨军兵种的互通互达。在这样的指挥系统下,指挥的速率和效能将有质的飞跃。

三、全维实时的战场感知系统为一体化联合作战驱除了战场"迷雾"

纵观战争历史,战争中的信息封闭性和滞后性、相互欺骗性、作战进程的不确定性始终是人们认识战争、把握战争的"迷雾"和"阻力",而一体化联合作战的战场感知系统则前所未有地为各级指挥员驱除战争"迷雾"、克服战争"阻力"提供了理想的条件。

实行一体化联合作战,战场感知系统的主要标志是全维、实时。全维,是指全面感知所有的战场空间,包括太空、空中、海上、陆地;所有的战场维

度,包括前方、后方、翼侧、上方、下方;所有的战场形态,包括物理空间、电磁空间、网络空间。实时,是指分布在不同的空间的传感器获取的情报信息在同一时间同步在显示器上显示,经过数据融合以后,构成完整的准确的全维实时态势图,为多级情报用户提供通用信息服务。各级情报用户还可以依托情报信息系统,根据自身任务需求,各取所需地随机提取相关的情报信息,因而极大地提高了情报信息的利用率,有效地消除了侦察死角、情报盲区,从而达到最大程度地驱除战争"迷雾"的目的。

四、模块化的部队编成使一体化联合作战的作战效率大大提高

在作战力量编成方面,一体化联合作战与传统的联合作战有着本质的区别。传统联合作战的合成部队,只是各个部队的简单数量上的叠加,各个部队的界限分明,联合程度低,在结构上呈树型分布。这种编成的缺点是跨军种、兵种、部队的横向结合少,且实施难度大。

一体化联合作战,依托一体化的网络体系和 C^4KISR 系统,部队在规模上趋于小型,在运用方式上以任务为中心进行综合优化,部队编组是按照功能来进行,每个部队就像一块"积木"。各个层次的作战力量处于平等的地位,趋向一体化,实现了跨军种、跨兵种、跨部队的作战单元之间的直接协同和主动协同。

一体化联合作战的作战编组形式,依据不同的任务和投入的总体力量不同而有所区别。可根据整个作战需要,灵活转换各种作战力量的组织形式。例如,在战区联合指挥机构的统一指挥下,根据作战需要,可以编组成空中突击集群、网电攻击集群、海上突击集群、地面突击集群、空降突击集群和特种作战集群等若干个作战集群。

第二节 "点穴式"的精确打击作战

随着信息技术的快速发展,武器装备的打击精度大大提高,侦测系统、通信系统、指挥系统、武器系统实现了互联互通,从而使得现代作战呈现出精确化的趋势。军队有能力依靠精确化的武器装备,对敌方的重要部位进行远程打击,从而破坏敌方的整体防卫体系,就像点击人的穴位一样,使对方欲动不能。

精确打击作战,是依靠信息技术的支持,运用精确制导武器系统,对敌人实施精确打击的一种作战方法。精确打击作战,是日益成熟的信息技术应用于武器系统的

弹道导弹远距离发射

必然结果,是武器信息化和战场透明化综合作用的产物,更是信息时代的必然要求。"点穴式"的精确打击具有七个方面的特点。

一、打击距离远

实施"点穴式"精确打击作战时,经常使用防区以外的精确制导武器进行打击,因而作战距离远。由于指挥控制系统以及信息、监视、目标捕捉与侦察系统的改进,提高了战场情况感知、命令传送、火力打击协调、计划变化等方面的能力。指挥官的意图在部队中得

美军"爱国者"导弹精确拦截来袭弹道导弹

到更好的领会,使得实施攻击的一方能够快速制订计划,将计划迅速转化为

行动,运用防区以外的武器来实施进攻任务。

从海湾战争以来,巡航导弹和空地导弹在攻击严密防护的纵深目标时,表现出很高的精度、很大的威力、很强的突然性。这些突出的表现立刻引起了各国军方的高度重视。虽然巡航导弹和中远程武器价格昂贵,装备数量有限,但是它可以在很远的地方对敌方攻击。不论是1999年的科索沃战争、2001年的阿富汗战争,还是2003年的伊拉克战争,美军凭借强大的信息技术优势,实现了战场的单向透明(能看到对方的一举一动,对方对自己的行动却一无所知),卫星和侦察机为远在千里之外的巡航导弹、空地导弹、GPS制导导弹提供了大量的目标位置信息以及目标图像信息,信息已经被输入各种制导导弹,导弹就会像长了脑袋和眼睛一样向千里之外的目标飞去,把目标击得粉碎。远程武器在信息系统的支持下日益精确,集束炸弹、"掩体粉碎机"等新型弹药,使空袭威力大大增强,为地面部队能长驱直入,轻而易举地夺城占地起了关键性的作用。

二、直接点击敌方"死穴"

敌方的"死穴"就是指敌人作战体系的核心部位。主要是指挥控制系统、能源生产企业(电厂等)、交通通信设施等部位。这些部位对国家的战争能力有着至关重要的作用,是作战双方重点保护的部位。

海湾战争中,以美国为首的多国部队凭借先进的高技术武器装备,首先攻击伊拉克的指挥控制系统,然后是电力、交通基础设施,最后才是共和国卫队。对伊拉克的战略重心和战役重心实施点穴式打击,充分显示了全纵深精确打击的巨大威力。战争结束后,美国军方认真总结了作战经验。美国陆军指出,一切作战行动都要围绕选择和攻击敌人的重心展开,作战能否成功取决于指挥官能否集中力量击败敌人的重心。因此,一旦侦察系统发现了敌人的"死穴"(战争重心),就完全可以对其实施"点穴式"的精确攻击,摧毁敌方作战体系赖以生存的基础,从而彻底瘫痪敌人。

军事小天才
Jun Shi Xiao Tian Cai

精确打击作战,往往选择敌C⁴KISR系统特别是指挥中枢、后勤保障系统、信息武器系统等"要穴",以点制面,攻其一点,波及其他,以造成敌方战争体系运行失常,力量结构失衡,整体运转失灵,最终彻底瘫痪敌方作战体系。

三、作战节奏快捷

在伊拉克战争中,B-2隐形轰炸机远程奔袭,对伊拉克的指挥、控制、通信等设施进行了精确的打击

高速机动的信息化武器装备和一体化C⁴KISR系统,可以保证作战部队以更快的速度作出反应,"查明情况－定下决心－采取行动"的作战周期大为缩短,作战节奏明显加快。精确打击作战促使作战节奏加快的秘诀就是:"精确侦察、精确定位、精确控制、精确评估",这一切精确化首先得益于超级的信息获取和处理能力。传统作战总是充满着不确定因素,对敌情的了解总是迷雾重重和支离破碎,难以找到敌人的死穴,因而指挥员难以精确运用打击力量。而在信息化战争中,影响指挥员做出正确决策的"战争迷雾",将最大限度地被消除,信息优势可以保证己方部队了解敌方一切情况的同时,阻止对方了解己方的情况,作战部队可以更快、更准确地获取信息并据此定下决心。

传统的火力毁伤,由于不具备精确打击的条件,因此只能进行"粗略"作战,进行消耗战,即逐渐消耗敌人战斗力的作战。其制胜之道是在时间、空间、能源和补给等方面消耗敌人,不断地一点一点地削弱敌人的力量,最终战胜敌人。即使是歼灭战和机械化战争中的闪击战,也只能经过较长时间的较量,在取得绝对优势后,以决战消灭敌人,代价大,难以控制。而精确打击作战不同,它通过直接攻击敌人战争体系的重心,致力于破坏敌方战争体系而战胜敌人,因此作战行动变得更加精确、迅速而具有致命性。

四、战场无处藏身

在精确打击作战中,交战双方将更加强调质量取胜,主要使用精确制导武器等实施精确打击,火力射程远,使得战场空间相对缩小。双方战场的所有目标,都可能同时遭到对方的精确打击,目标一旦被发现,就意味着可能遭到命中和摧毁。美国在海湾战争中,隐形飞机与精确制导弹药的革命性相结合,使整个战区内的许多目标都能同时进行攻击。精确制导弹药只需很少数量就能达到所要求的攻击效果。

在精确打击作战中,利用空基、海基、陆基和天基等信息化武器,可以同时攻击敌人的侦察卫星和通信卫星;利用反辐射武器和电磁脉冲武器可同

战斧巡航导弹准确击中目标

时攻击敌人防控雷达网和预警控制系统;利用空基、海基、陆基和天基等武器,可破坏敌人的指挥控制系统;利用精确制导武器和电磁脉冲武器可攻击敌方通信系统;还可以利用空基、海基、陆基和天基等武器,同时破坏敌人战争潜力,如重要的军事工业、电力、交通设施等经济基础部门。在战场透明化的未来战争中,指挥中心、通信枢纽、电力设施、工厂、机场、港口、交通枢纽等大型固定目标,航母战斗群、大型运输编队、集群装甲目标、作战机群等大型运动目标,将难以逃过信息化武器装备的精确打击。不仅仅大型的目标难以藏身,就是一个人一般大小的目标也难逃厄运。阿富汗战争中很多恐怖组织的头脑人物就是被精确制导导弹击中而毙命的,以致恐怖组织头目本·拉丹不敢使用手机进行通信,整天躲在阿富汗边界的山洞里不敢出声。总之,精确打击作战的威胁日益突出,使战场目标的生存问题,成为未来信息化战争必须加以关注和解决的特殊课题。

五、作战效益大大提高

精确打击作战，在保证提高部队战斗力的前提下，提高了军费的使用效益，可以以最小的财力投入，获取尽可能大的战争效果。一方面，实施精确打击作战，不会产生大面积的杀伤破坏力，精确的信息化武器装备具有高智能化、精确化、灵巧化的火力攻击特点，能够对敌方目标实施点对点的精确打击，使传统的大规模毁灭性杀伤得到有效控制。另一方面，精确打击的作战方法，重在攻击敌人的战略、战役、战术重心，重点在瘫痪敌人指挥系统，威胁和摧毁敌人的社会运行机制与体系，动摇敌人战争基础和抵抗意志。综合以上两个方面，精确打击作战是投入少但是作战效果显著的好战法。

精确打击作战的作战效费比（作战效果与作战费用的比例）大幅度提高。如炸毁一个18×30平方米的地面坚固目标，需要2000磅的炸弹。在第二次世界大战中，由于轰炸机投弹精度只能达到1000米，需出动B-17轰炸机1500架次，投掷普通炸弹9000枚；到越南战争期间，F-4战斗机投弹精度为100米，需要出动95架次，投掷普通炸弹176枚；而到海湾战争时，只需要出动F-117A隐形轰炸机1架次，投掷1枚激光制导炸弹，就可达成目的。所以精确打击作战比非精确打击作战更加灵活，机动性更强，更能迅速完成作战任务，可以在敌方意想不到的时间，在意想不到的地点，以意想不到的隐蔽方式，对敌方全纵深内要害目标直接实施远距离、短时间、高强度的突击和精确毁伤，然后迅速脱离战斗，免遭报复，把损失降低到最低限度。

第三节 "以长击短"的非接触作战

如何在战争中保存自己，消灭敌人，历来是兵家挖空心思、千方百计想解决的一个问题。从冷兵器时代到热兵器时代，从机械化战争到信息化战争，各国军队的一个共同做法，就是尽可能地延长自己的打击"力臂"，使自

军事小天才
Jun Shi Xiao Tian Cai

己能够打到敌人,而使敌人打不到自己。从公元前5世纪马其顿军队以7米多长的"长枪"组成方阵,到我国东汉时期发明的"抛石机",再到当今美军的防区外打击弹药,无一不是为了实现"只许我打得着你,不许你打得着我"的目的。"非接触作战"其实就是"只许我打得着你,不许你打得着我"的一种战法。

尽管"非接触作战"的实践和思想古已有之,但是作为一个明确的军事术语,还是在研究近几年的几场高技术局部战争特点中提出来的。非接触作战强调火力的机动和集中,而不是兵力兵器的机动和集中;强调最大距离火

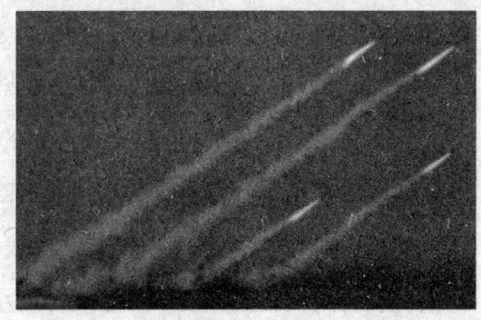

中国解放军远程火箭炮部队齐射

力打击,而不是近距离开火;强调保持合理的交战距离,而不是一味的前推或后退。由于"非接触作战"可以最大限度地减少人员伤亡,因此在伊拉克战争中很受美军青睐。

实施"非接触作战"是需要一定的条件的。首先,必须具备远距离感知能力,即在远处先敌方发现对方的能力。其次,必须具备远程火力打击的能力,即在敌人火力防御范围之外将敌人摧毁的能力。因此,只有军事技术占优势的一方部队,才有可能对敌实施"非接触作战"。在海湾战争中,美国利用50多颗军用卫星、多架高空侦察机和无人侦察机等侦察监视系统,完全地掌握了战场上敌方和己方军队的一举一动,使战场变得单向透明。美军F-15、F-16战机和B-

远距离对目标进行精确探测识别

52战略轰炸机在万米高空或距离目标数百公里处,对伊拉克军队的防空和

第七章 未来战争的新战法

军事小天才
Jun Shi Xiao Tian Cai

指挥控制系统实施打击,伊拉克地面防空部队的炮火把巴格达的夜空照得如同白昼,但由于伊军的防空火力最多只能射7000米,美军的战机毫发无损。在地面战斗中,美军的M1A1坦克利用射程上的优势,在伊军T-72坦克的射程之外开火,把伊军坦克部队打得溃不成军,而美军坦克却很少受损。在伊拉克战争中,美军投入了更多的军用卫星、高空侦察机、无人侦察机和精确制导弹药,致使战场空间更加单向透明,作战力量对比更加悬殊,结果"非接触作战"运用得更加广泛,战果也更加显著:美军以比海湾战争少得多的兵力,实现了比海湾战争大得多的战争目的——推翻萨达姆政权。

信息时代的"非接触作战"主要依靠远距离的感知能力,使用远程精确制导弹药,打击敌重心目标,破坏敌作战体系,剥夺敌人行动自由和战场主动权,全面保护自己,减少人员伤亡,以小的代价换取大的胜利。信息时代的非接触作战与历史上的非接触作战已有很大不同,第一个不同是:作战力量上是以陆、海、空、天作战力量为主,而不是以传统的陆军为主。第二个不同是:在作战方式上是中远程精确打击,而不是短兵相接的攻防对抗。第三个不同:在作战范围上,以往的非接触作战大都是在视线范围内,信息时代的非接触作战则是超视距、超防区。一方看不见另一方的作战部队,看到的只是炸弹。第四个不同:在作战精度上,以往的非接触作战大都是粗略打击,以"面"上的轰炸为主。信息时代的非接触作战则是以导弹为主的精确打击,以"点"上的打击为主。在伊拉克战争中,"战斧"巡航导弹就是在伊军防御圈外上千公里的地方发射,打击精度达到3米,比海湾战争时提高了一倍。此外信息技术的飞速发展导致精确制导弹药种类增多,价格降低,进而使美军能在作战行动中大量使用舰射巡航导弹和空射精确制导弹药,对萨达姆行宫和藏身处以及雷达预警系统等重要目标实施猛烈的非接触精确打击。

伊拉克战争表明,信息时代的"非接触作战"的作战方法,主要有以下5

个要诀：一是超视距监视侦察，保证我看得见你，你看不见我。二是以己之长，击敌之短，保证我打得着你，你打不着我；三是注重打击敌人重心，而不是狂轰滥炸，保证以小代价获取大胜利；四是实施全维、立体式作战，保证各个兵种作战效能得到最大发挥。

非接触作战，可能是一场战争中的辅助战法，也可能是一场战争中的主要战法。如在科索沃战争中，盟军部队对科索沃的进攻，从始至终没有见到地面作战部队的影子，全部是通过空中或海上发射导弹完成作战任务。战场上只能看见盟军的"战斧"巡航导弹和其他空地导弹，科索沃军队则像瞎子一样，到战争结束也没有发现敌人的影子。非接触作战已经成为信息时代战争的基本作战方法，随着信息技术的快速发展，在未来战争中这种战法将会普遍地应用到战场中去。

第四节 "并联电路式"的并行作战

传统的陆战无法直接打击敌人最重要的目标，如首脑机构、指挥控制系统等，因为这些最重要的目标得到了层层严密的防护，因此在传统战争中，只好从前沿开始，逐级逐层消灭敌人，最后才打击敌人的战略重心，这种作战方法可以称为"顺序作战"。尽管作战飞机的出现，为直接攻击敌人战略重心提供了技术手段，但是随着防空技术的发展，作战飞机很难通过严密的防空网直接攻击敌战略重心。空中作战也不得不采取"顺序作战"的方法，先摧毁敌人的防空体系，再夺取空中优势，再夺取制空权，最后才直接打击敌战略重心。因此，传统的战争往往是一种持久战，很难在短时间内完成作战目标。尽管指挥官们非常渴望快速地瘫痪敌人的作战体系，取得决定性的胜利，但是由于技术条件的限制，他们的这种美好愿望只能暂时搁浅。随着现代高新技术的发展，指挥军官们的愿望，开始逐步地实现。"并行作战"

军事小天才
Jun Shi Xiao Tian Cai

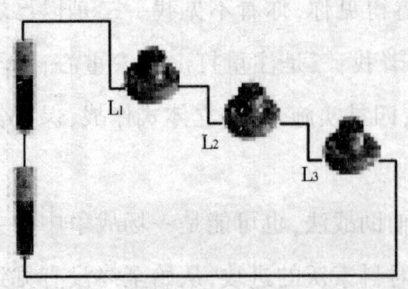
串联电路

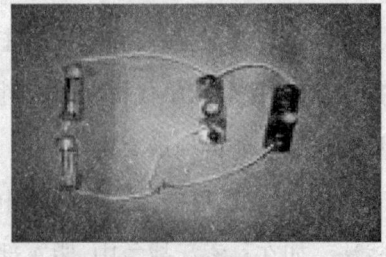
并联电路

的作战方法开始出现在现代战争的战场，并行作战与顺序作战相对应，其特点是：

在时间上同时，即同时攻击多个重要目标；在空间上同步，即对敌方领土全境和全纵深实施打击，不分前沿、纵深等传统的作战地段；在战争级上统一，即同时打击战略级、战役级和战术级目标。就是说，不受地理条件的限制，在战争的战略、战役、战术三级同时使用兵力。

我们可以把"顺序作战"比作串联电路，把"并行作战"比作并联电路。串联电路的电源打开后，电流从电源处逐个流向电路上串联的灯泡，串联电路的特点是，在下一个灯泡点亮之前，电流必须经过上一个灯泡，体现的是一种顺序流动。而并行电路的电源打开后，电流从电源处几乎同步到达每个灯泡，体现的是一种同时流动。将串联和并联电路的工作方法用到战场上，就产生了顺序作战和并行作战的作战方法。

传统的顺序作战中，敌人的预警系统、地空导弹系统、防空炮火、机场、作战中心都是被打击的目标。消灭每一个目标，都是为打击下一目标扫清障碍，从外到里，直到打到敌人的首脑机关。顺序作战时，压制敌人的防空火力需要付出巨大的努力，按顺序完成这些任务需要花费很长的时间。敌人的首脑机关和指挥控制系统，是价值最高的目标，通常是敌人防护最严密的地方。在进攻这些高价值目标之前，先削弱敌人的防御力量攻击敌人作战重心的成功概率才会增大，才能减少重大损失。

在2003年的伊拉克战争中，美军借助军事技术上的巨大优势，使"并行作战"的作战方法得以实现。在战争一开始，美军就对萨达姆等国家领导人的多处行宫、住宅同时实施精确打击，在后来的震慑行动中，美军对伊拉克防空系统、指挥控制系统、交通枢纽、舆论工具等重要目标同时进行了打击。

从伊拉克战争的作战空间上看，美军在伊拉克全境内对乌木盖斯尔、巴士拉、纳西里耶、巴格达、吉尔库克、摩苏尔等目标同时实施打击。这些行动既包括打击国家领导人、重要工业基础等战略级目标，也包括防空系统、指挥控制系统等战役级目标，还包括作战部队、防御阵地等战术级目标。

从伊拉克战争的作战方式看，美军并行实施了空袭作战、海上作战、地面作战、特种作战、心理作战等战争行动，致使伊拉克军队措手不及，既无招架之功，也无还手之力，更没有时间和机会来调整和改变作战计划。在战争初始阶段，伊军整个作战体系就瘫痪了。而且在这次战争行动中，美军一开始就把敌人当作一个体系来看待，集中精力打击敌人的作战重心。因此美军自始至终都把萨达姆作为要打击的重要目标之一。战争一开始美军就利用高科技武器，三番五次地对伊拉克军政首脑机关和作战指挥系统实施"斩首"行动，力求以较小的军事代价获取最大军事效益。

伊拉克战争表明，"并行作战"不受地理条件限制，可以同时进行战略、战役、战术级的军事行动，能够集中战斗力的效能，直接打击敌人的作战重心、关键脆弱点，以较少的作战消耗快速达成战争目的。"并行作战"将是未来战争的重要战法之一。

第五节 "以快取胜"的快速决定性作战

在以往的战争中，敌对双方都努力在最短的时间内彻底打败对方，可是常常发现对方要么过于强大或与自己势均力敌，要么恢复能力过强，很难快

军事小天才
Jun Shi Xiao Tian Cai

速取胜。

当实力相当的敌人作顽强抵抗时,双方就被迫进行消耗战。在工业时代,工业化国家拥有的丰富资源,为其进行大规模、长时间的战争提供了物质手段,而且使工业化国家能从战争失败中较快地恢复作战潜力,因此工业时代的战争往往作战时间都很长。如美国的内战进行了 5 年,第一次世界大战进行了 5 年,第二次世界大战进行了 7 年,中国的抗日战争进行了 8 年。

冷战结束后,美国成为了唯一的超级大国,拥有非常强大的军事力量。美国借助其在计算机技术和信息技术领域的优势,作战部队配备了大量高技术武器装备。这些信息化的武器装备,与许多国家形成了时代差,就像热兵器时代,拥有火枪、火炮的国家相对只有刀、枪国家的时代差一样,甚至这种时代差还要大。因此,在近几场高技术局部战争中,美军只用42 天就结束了海湾战争,用 78 天就赢得科索沃战争,用 64 天就结束了阿富汗的主要军事行动,用 40 多天就推翻了伊拉克这个国家的政权。这些战争行动中体现着一种新的战法——快速决定性作战。

快速决定性作战,是美国国防部在 1999 年首先提出来的。快速决定性作战的作战方法,就是综合运用国家综合力量(经济、政治、军事等),在敌人无法有效反抗的方向和维度,对敌人致命的战略、战役重心和薄弱环节,实施快速、猛烈、集中的攻击,彻底剥夺

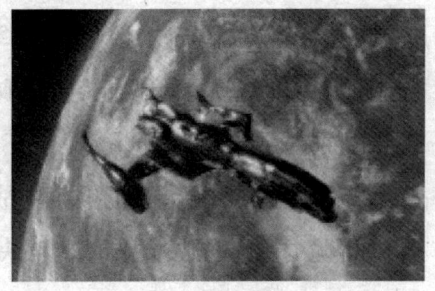

美军力图实现1小时内打击全球任何目标

敌人的凝聚力和主动权,使敌人乖乖屈服,在不需大规模集结兵力和持久作战的情况下,快速、决定性地达到战争目的。

在 2003 年的伊拉克战争中,美军将快速决定性作战的思想用于实践,并取得很大成功。战争一开始,美军所有的战略、战役、战术行动,都紧紧围绕

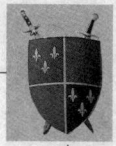

推翻萨达姆政权、改造伊拉克社会这一中心目标展开。美军在空袭十几个小时之后,就出动地面部队,抢占伊拉克南部油田,为战后重建和美国垄断资本服务。美军空袭的重点是伊军的重要装备不是士兵;专门打击萨达姆等高级官员,而不是普通百姓;专门打击指挥通信系统而不打击水、电等设施。在战争前后,美军通过联合情报、监视和侦察系统,从地面、空中、太空对伊拉克构成全立体的监视体系,对伊拉克的

美军3机械化步兵师直逼巴格达

情况和作战空间了如指掌。与十几年前的海湾战争相比,美军实施了更加高效的指挥和控制。中央司令部配有6个大显示器,其内容每2.5分钟就更新一次,最高指挥官弗兰克斯对战场情况了如指掌,能够迅速地根据战场变化下达作战命令。而在海湾战争中,美军指挥官施瓦茨科普夫将军仅有一个显示屏,内容每两小时才更新一次,指挥控制明显慢于伊拉克战争。由于伊拉克战争中美军更加先进的指挥控制系统,美军有了更加强大的战场主宰和调控能力。

例如,2003年3月24日,美军第3机械化步兵师在进达伊拉克首都巴格达仅80公里的卡尔巴拉后,后勤补给线不断遭到伊军小股部队袭击,随后又爆发了沙尘暴。美军指挥部在极短的时间内掌握了这一情况,迅速调整战略,让先头部队就近转入防御,而主力部队则负责扫荡伊军的小股部队。这一调整收到了很好的效果。美军在本次战争中还强调"先"字和"快"字,即"先敌决策、先敌动手、先敌展开",在绝对速度和相对速度上都快于敌人。例如:在2003年3月20日凌晨,战争刚一爆发,美军就突然对伊拉克实施斩首行动,向萨达姆召开会议的地点、总统府附近发射了40多枚"战斧"巡航导弹,F-117A隐形飞机也进行了精确导弹投射,使敌人大吃一惊。在空袭发起后仅仅十几

个小时后,就发起地面进攻,也大大出乎伊军意料之外。美军地面主力第3机械步兵师,更是创造了日行170公里的高速度记录,开战3天就前进了400公里,直逼巴格达城下,速度之快,令人瞠目。

美军的快速准确行动,还要得益于美军构建的全球信息栅格,全球信息栅格能使作战指挥官获取实时的战场态势图,快速灵活地做出决策。例如,2003年4月7日美军实施第二次斩首行动时,从获得情报到分析确认,再到实施精确打击,仅仅用了45分24秒。而在12年前的海湾战争中,实施相同的行动至少需要十几个小时。

面对美军的快速决定性作战方法,伊军毫不知情,还是按照传统的模式指导、计划和准备战争。结果,美军并没有用长达7个月的时间来集结压倒性优势兵力,美军第4机械化步兵师还在地中海就开始了"斩首"行动,没有进行长时间空袭就开始了地面战争,这一切都完全出乎于伊军意料之外!伊军还没有来得及制订出一套完整的计划,美军就拉开了战争的序幕。美军发起地面进攻后,伊军该炸毁的桥梁没有炸毁,该毁坏的油田没有毁坏,该守住的要点没有守住,也没有使用伊拉克"民兵"对美军侧翼构成严重威胁,致使装备精良的美军第3机械化步兵师瞅准了空挡,创下首日推进170公里的记录,保证了快速决定性作战方法的成功。

总之,快速决定性作战的作战方法,是建立在人类目前的高度发达的技术基础之上的,没有发达的信息技术的支撑,这种作战方法的应用,只会出现在指挥官的想象中。